JN087616

心理系大学院入試 & 臨床心理士試験のための

'23〜'24年版

心理学標準テキスト

編著：IPSA心理学大学院予備校

秀和システム

 # はじめに

　臨床心理士の養成大学院の試験対策、両資格試験の試験対策を目指したテキストとして、2019年2月刊行の「臨床心理士試験対策心理学標準テキスト」の2023年〜2024年改訂版です。

　第5回までの公認心理師試験（第1回追加試験を含め6回分）が実施され、公認心理師試験の経過措置期間が終了し、少しずつではありますが、公認心理師という心理系はじめての国家資格が知られてきました。これまで、公認心理師資格ができるまでの間で、最も信頼が高いとされていた臨床心理士資格との棲み分けがどのようになっていくか、未だにわからない部分も少なくありません。

　本テキストは、公認心理師や臨床心理士の大学院入試の対策、また臨床心理士試験の対策を念頭に置いたものです。

（少し内容が難しいので、ある程度本書を読まれてから改めてお読みください）

　フロイトが自由連想法による精神分析を始めたことは偉大な功績です。フロイトがいなければ他のほとんどの心理療法は存在しえませんでした。フロイトに大きな影響を受けたユングやアドラー、その他にも書けばキリがないほどの新フロイト派、対象関係論学派といった精神力動的な臨床家がいます。

　そういった精神力動的心理療法の流れに対して、より科学的な立場で発展させる貢献を果たしたスキナー、アイゼンク、マイケンバウムらの行動療法家、認知療法を生み出したベックら。彼らによってさらに科学的、論理的、効率的な心理療法の礎が築かれていきました。

　そのような科学的、論理的、効率的な心理療法だけであってはいけないという警鐘を鳴らしたのがロジャーズらの人間性心理学派でしょう。人間が人間らしく扱われる、

そのためには単に科学的に実験を行ったり、効率性のみを考えたりすることだけでは不十分でした。もちろん、先に挙げた行動療法家が非人間的だという意味では決してありません。そういった考え方が現れること、論争が繰り広げられることが臨床心理学、心理臨床を成長させていく必然的な流れだったのかもしれません。

　その後、個人療法では対象とできなかった複数人を対象とした家族療法や、問題点をクローズアップせず短期解決へ導くブリーフセラピー、クライエント個々人の持つ物語や、クライエントの持つ力を尊重し、クライエントとの協働関係を重視するナラティブアプローチ（ナラティブセラピー）やコラボレイティブアプローチといった様々な形に広がっていきます。

　心理療法の最先端はやはりアメリカですが、アメリカでは保険制度の都合上、より短期間でより効果的なものが求められるようになり、そういった背景から認知行動療法や対人関係療法、ブリーフセラピーが心理臨床家に多く用いられるようになってきました。一方で家族療法は、心理臨床家だけではなく、アメリカでは専門的地位を確立しているソーシャルワーカーの間で重宝されています。

　「治す前に予防する」という観点から、マインドフルネス認知療法などの第３世代の認知行動療法に用いられる"マインドフルネス"という概念や"ポジティブ"に焦点を当てるポジティブ心理学の考え方、また身体感覚にフォーカスするソマティックな（身体志向の）心理療法や、感情にフォーカスする心理療法など、さらに拡がりを見せています。

　日本では、まだまだ上記のような心理療法は少数派ですし、心理臨床家やソーシャルワーカーの多くは家族療法とほとんど関わりはありません。日本がアメリカのようになることが最善とは決して言えませんが、ベックが「全ての心理療法は最終的に統合されるだろう」と考えているように、学派同士が対立するのではなくクライエントにとって最善のものを提供できるよう互いに切磋琢磨していければと思います。

　著者らは、そういったクライエント第一の立場で、よりよいカウンセリングオフィス

を運営していくことを常に考え、できる限り大学院予備校でも古いものから最新のものまで偏りなく教え伝え、研修会や研究会・ポータルサイトを運営していくことなどを通して発信し続けています。本書の執筆内容を含め、まだまだ至らぬところも多くありますが、一歩一歩前進していけたらと思います。

　精神分析が始まった1886年から数えて、2023年で約140年というまだまだ若い領域です。ぜひ日本の若い世代から、世界の心理療法につながっていき、よりよいものを社会に提供していけるようになりませんか？　そのために、まずは大学院への入学や臨床心理士試験の合格という"始まり"があります。いつかみなさんと学会の場などでお会いできることを楽しみにしております。

2023年　浅井伸彦

心理療法の系譜

心理療法は、精神分析を祖としているといわれますが、大きく見ると精神分析のほかに、宗教やメスメルの動物磁気から始まる催眠、宗教に対しての科学（的見方）も心理療法の元になっていることがわかります。

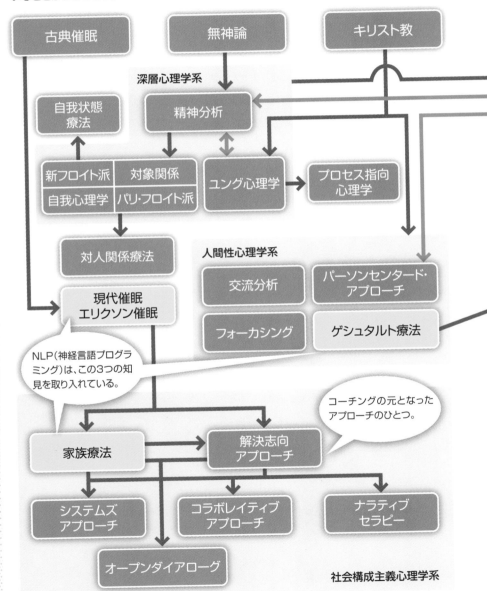

日本では、深層心理学系や人間性心理学系が優勢で、最近になって認知行動療法やマインドフルネス、EMDRなども注目がどんどん高まってきました。

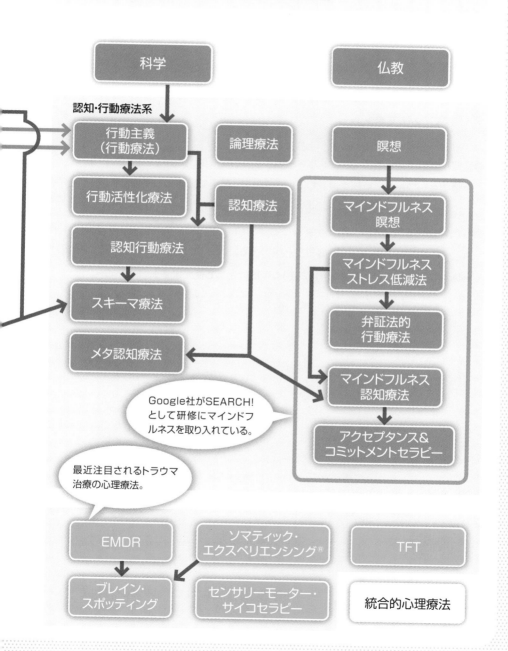

本書の特長

　本書は、公認心理師・臨床心理士養成大学院入試や、臨床心理士試験のためのテキストとして、様々な工夫がなされています。

❶歴史だけでない最新の心理学事情も含めた新しい知見を知ることができる。

　➡歴史の流れを追った上で、世界では、どのようなことが行われているかについても知ることができます。

❷重要な英語で覚えておくと便利なキーワードについては、英語を併記している。

　➡重要キーワードに英語を併記していることで、英語の試験にも使えます。

❸有用書籍や有用なツールを提示することで、本書以外での学習や研鑽、臨床心理士になって後の就職のきっかけも得ることができる。

　➡本書に収まらない情報を獲得していく手助けとして使えます。

臨床心理士資格と、臨床心理士資格試験について

　2017年9月についにはじめての国家資格である「公認心理師」が創設され、2018年には初めての公認心理師試験が行われ、2022年7月には、経過措置最後の年である第5回公認心理師試験が行われました。

　心理学関係の国家資格はこれまで存在せず、現在は文部科学省の認定する臨床心理士（財団法人日本臨床心理士資格認定協会）や、産業カウンセラー（社団法人　日本産業カウンセラー協会）、シニア産業カウンセラー（同協会）などが、事実上最も知名度も高く信頼される資格と考えられています。

　臨床心理士は、国家資格「公認心理師」が創設されてから、恐らく国家資格の上位資格になるのではないかと考えられており、国家資格創設後も、一定の優位性を持って存続し続けるであろうことが考えられます。臨床心理士という資格がこれまで長年培ってきたものを享受するという意味では、国家資格のみ保持するよりもスキルアップはほぼ確実に望めるものだと考えられます。

　心理職が活躍できる領域として、教育・医療・福祉・司法・産業の5領域がありますが、公認心理師資格と臨床心理士資格が、今後どのようにこれらの領域の中で活用していくのかは、まだ誰にもわかりません。公認心理師資格取得者の第1号が出て（2019年頃）から4年が経っても、それぞれの資格の棲み分けは明確とはいえず、徐々に公認心理師という資格が浸透していくにつれて、その役目が明確になっていくことでしょう。

　たとえば医療領域において、公認心理師の行為がどの程度診療報酬の対象となるかは大きな関心事です。これまでも「臨床心理士技術者」という形で、診療報酬の対象となる心理検査・集団精神療法・デイケア・ナイトケアがありました。診療報酬は2年ごとに改定されることから、今後、診療報酬の改定や様々な法改正が行われていくにつれて、役割が明確化していくと思われます。

　公認心理師の養成カリキュラムについては、大学の学部カリキュラムと大学院カリキュラムとがそれぞれ定められ、臨床心理士指定大学院のカリキュラムとは別のものとなります。公認心理師資格試験を受験するためには、公認心理師の学部カリキュラムと

大学院カリキュラムの計6年間を経て、その上で国家試験を受けることが必要となります。

　臨床心理士資格試験を受験するためには、4年制大学を卒業後、臨床心理士専門職大学院か第一種臨床心理士指定大学院を修了すること、もしくは第二種臨床心理士指定大学院を修了後、1年以上の実務経験を経ることではじめて受験資格が得られます。多くの指定大学院が、第一種指定になるための基準を整えて、第二種から第一種へとなってきていますので、大学院の数としては圧倒的に第一種の方が多い状態です。

　臨床心理士資格試験の一次試験（マークシートと論述）は、毎年10月に東京で行われ、合格者のみ11月に東京での二次試験（口述）に進むことができます。筆記試験と面接試験の両方をクリアすることで、翌4月に臨床心理士資格が与えられることとされています。臨床心理士は、1988年に第1号の臨床心理士が認定されて以来、2023年1月1日現在では、39,576名が認定されています。臨床心理士に求められる専門的能力は、

①心理検査等を用いた心理査定（アセスメント）や面接査定に精通していること、
②面接援助技法と対応能力を持っていること、
③地域でのコーディネーティングやコンサルテーションに関する能力を持っていること、
④様々な心理臨床実践に関する研究や調査、発表などを行う能力を持ち、それを実践すること

の4つが挙げられます。

　臨床心理士は資質の保全のために、5年ごとの資格更新制度が定められているため、認定協会に定められた学会に参加や発表、研修会の参加、スーパーヴィジョンを受けることなどを通して、5年間で15ポイント以上を取得しなければいけません。臨床心理学は、他の学問と比べてかなり現場による差や個人差が大きく、曖昧な部分を含む学問です。そのため、臨床心理士は日々の臨床の中で実践を行っていくことや、その都度振り返りを行うこと、研究やケースカンファレンスなどを通して成長していくことが必要で

す。資格を取ることは始まりにすぎず、そのあとどのようなプロセスを経て自らのスキルアップを行っていくかを常に考えていくことが重要です。

　参考に、2022年度の臨床心理士資格試験の合格率は、65.4%で、1,804名中1,179名が合格しています。合格率はここ10年間は60%前後を推移しており、今後も恐らく60%前後がしばらく続くものと予想されます。

🐟 公認心理師養成大学院と臨床心理士指定大学院

　前項でご紹介した臨床心理士の指定大学院（以下、指定大学院）について、2022年6月時点で、専門職大学院が5校、第一種指定大学院が153校、第二種指定大学院が8校あります。

　公認心理師養成大学院については、各大学院が公認心理師カリキュラムを取り入れるかどうかを独自に決め、ホームページやパンフレットに掲載していっています。前述のように、公認心理師カリキュラムは大学学部カリキュラムと大学院カリキュラムの2つに分かれるため、大学学部カリキュラムのみ取り入れる大学、大学院カリキュラムのみ取り入れる大学（大学院）、大学学部と大学院の両方のカリキュラムを取り入れる大学に分かれ、煩雑になることが予想されます。また、公認心理師のカリキュラムだけではなく、臨床心理士指定大学院のカリキュラムとの兼ね合いもありますので、さらに煩雑になるでしょう。

　受験の要件として、若干大学院によっても異なる部分はあるものの、一般的には4年制大学を卒業程度とされています。そのため、4年制大学を卒業していない場合は、短大や専門学校を卒業後に4年制大学に3年次編入するなど、大卒資格が必要となっています。また、社会人入試という形で一般入試とは別に枠を設けている大学院もありますが、社会人が誰でも受けられる訳ではなく、やはり通常大卒資格は必要ですし、「何年以上の勤務を終えたもの」と基準が定められています。基準については各大学院によって異なるため、各大学院のホームページなどを参照してください。

　指定大学院の試験科目や内容は、細かい部分については大学院によって異なりますが、主にほとんどの指定大学院では臨床心理学と英語（心理学や教育学、社会学などに関するもの）、研究計画書や進路に関する口述試験が課せられます。出願する際に研究計画書

（専門職大学院の場合は活動計画書など）を書いて提出する必要があります。研究計画書とは、そもそも大学院とは研究を行うための研究機関ですので、研究を適切に行っていくことができるかどうかを見定めるためのものです。実際、専門職大学院を除く指定大学院では研究を行っていく必要があり、その大学院（修士課程）2年間の集大成として修士論文を執筆します。修士論文が認められれば晴れて大学院を修了ということになります。実際、多くの大学院を目指される方や大学院生は、研究を行うことや研究計画書を書くこと、研究に必要な統計学や質的研究法などの研究法を習得すること、修士論文を書き上げることで悩んでいます。

　著者らの運営するIPSA心理学大学院予備校でも、統計学や研究計画書の部分で不安を持っておられる方が多く、英語も同じように苦手な方が少なくありません。ただ、これらは完璧を求められるようなものではないですので、受験から大学院を修了までに必要な能力を効率よく身につけていくことが求められます。

🐟 第一種指定大学院と第二種指定大学院、専門職大学院の違い

　では、第一種指定大学院と第二種指定大学院とでは、どのような部分が異なるのでしょうか。また、専門職大学院とはどのようなものでしょうか。

　第一種指定大学院は、大学の学内に附属の心理相談室等の設置が義務付けられており、臨床心理士の有資格者の教員の必要数が多く設定されています。簡単にいえば、臨床心理士になるための設備や人員が、客観的により整備されていると認められているのが第一種指定大学院であるといえるでしょう。

　第二種指定大学院は、大学の学内に附属の心理相談室を義務付けられてはいませんが、外部機関や学内実習などでそのあたりの補完を行っています。また、第一種指定大学院よりも臨床心理士の有資格者の教員配置の人数が緩やかであることが特徴です。だからといって、客観的に比較できる要因以外にも良し悪しを決める要因が考えられますので、必ずしも第一種が優れているというわけではありませんが、ほとんどの大学院が要件をそろえて第一種へと変わってきています。

　また、第一種指定大学院と第二種指定大学院の大きな違いとしては、「修了したその年に資格試験がすぐ受けられるか否か」ということがあります。臨床心理士は、医師免許や看護師免許とは異なり、卒業と同時に資格を得ることはできません。つまり第一種指定

大学院の場合は、2024年3月に大学院を修了すると、2024年10月～11月に試験を受けることになり、2024年12月に合格発表、2024年12月～2025年3月までの間に資格取得見込みというポジションを手に就職活動を行い、大学院を修了した1年後の2025年4月から就職という運びになることが多いのです。大学院を修了してから試験までの半年間は、自分でもしくは大学院等の同級生らと試験勉強を続けながら、心理職などのアルバイトで生計を立てていくことになります。第二種指定大学院では、修了したその年の試験を受けることができず、実務経験を1年間積むことが必要になりますので、翌年の臨床心理士資格試験を目指すこととなり、実際の就職は大学院を修了してから2年後ということになります。

　また専門職大学院は、第一種とも第二種とも異なり、「修士論文を書くために研究を行う」ということをせず、臨床心理士として活躍するための実践的な学びを中心に行っていく大学院で、通常の大学院というよりは（良い意味で）専門学校のような大学院といえるでしょう。

　修士論文を書く必要がないため研究計画書を書く必要がなく、その代わりに活動計画書など、大学院で有意義な活動ができるかを出願時に提出したりします。また、臨床心理士資格試験の際の論述問題が免除されるのも魅力の一つです。

　このようなことから、研究や統計、論述が苦手な方が「研究者になるつもりはないし、実践的な学びがたくさん得られるのでは」と思い、専門職大学院を好まれる傾向が強いように思えますが、必ずしも専門職大学院が圧倒的に魅力があるかというとそうではありませんので注意が必要です。

　専門職大学院は上記のような理由からか、比較的受験者数が多く、倍率自体はかなり高くなる傾向があります。また、学生の受け入れ人数が比較的多いことで、第一種指定大学院の大学院生と異なりカウンセリングのケースがほとんど持てないということも少なくないようです。学外実習など実践的な学びが多いとはいえ、果たして大学院生レベルで実習として従事させてもらえる内容がどれほどあるのか、そういったことを考えると専門書を読む暇がないくらいに忙しくなることもある専門職大学院よりも、第一種や第二種の指定大学院の方が良い可能性もあり、一概にどちらがいいかを語ることは難しいと言えるでしょう。

以上のように、指定大学院の選び方は、単に大学の名前で選ぶのではなく、修士時代にしたい研究内容や興味のある分野（教育関係の心理臨床、○○療法etc.）の専門の教員が、指導教官として担当していただけるかというところが基準になってきます。大学院の特徴や指導教官などが、自分の研究・学習したいこととよく合っているかを精査した上で、受験校を選ぶ方がいいでしょう。

　IPSA心理学大学院予備校においても、心理系大学院受験のための、通学講座や通信講座を行っていますが、社会人の方で一度も心理学に接点がなかった方も多数おられ、ますます臨床心理士など心理学領域への興味・関心が高まっているように感じられます。

臨床心理士資格試験の試験内容

　臨床心理士資格試験の一次試験は、筆記試験として、マークシート形式の全100問からなる試験が実施されます。試験時間は150分とされており、100問に答えなければいけません。試験内容は、臨床心理面接や臨床心理査定、臨床心理学的地域援助、研究法や調査法、倫理・法律に関する領域の6領域から成ります。知識のみではなく、心理臨床にかかわる事例問題や、関連する法律などに関する事例問題、ロールシャッハ・テストのスコアリングを見て解釈をする問題など多岐にわたります。

　一次試験では、難問奇問が出てくることもあるため、なかなか満点を取ることは難しいと思われます。見たことのない語句が出てくる問題も出題されることが少なくありませんが、問題数も多いですので、慌てず解ける問題から冷静にどんどん解いていくことが求められます。臨床心理士資格試験の問題は、全てが開示されていませんが、認定協会が誠信書房から刊行している過去問で大体の傾向をつかむことが大切です。過去問と同じ問題や同じような問題が出ることもあるため、過去問は何度も目を通し、ほぼ完全に解けるようになっておきましょう。

　また一次試験には、マークシート形式の筆記試験のあと、90分間で1001～1200字で答えることを要求する論述問題が含まれています。この論述問題は、一次試験では評価の対象とされず、一次試験を通過して二次試験に行った際の参考として一緒に用いられるようです。それでも、一次試験のときに書いたものを、あとで修正を加えることは

本書を利用した学習スケジュール例（大学からのストレート受験）

大学1年生〜3年生

本書はここで使えます

大学受験の1〜2年前より受験勉強開始

独学 → 予備校で学習

X年9月〜11月（秋受験）、またはX+1年2月（春受験）　大学院入試（筆記、面接）

X年10月〜12月（秋受験）、またはX+1年3月（春受験）　大学院入試合格発表

X+1年3月　四年制大学を卒業

X+1年4月　大学院入学

2年間
大学院で研究

X+3年(1〜3月頃)　公認心理師資格試験

X+3年3月　第一種指定大学院修了

X+3年4月　心理職勤務開始

本書はここで使えます

予備校 or 仲間内 or 1人独学
半年間の受験勉強
and
1年間の資格なし心理職

X+3年10月　臨床心理士資格試験（筆記）

X+3年11月　臨床心理士資格試験（面接）

X+3年12月　臨床心理士資格試験合格発表

4か月(12月〜3月)待機

X+4年4月　臨床心理士資格取得

X+4年4月　臨床心理士取得後心理職勤務

本書を利用した学習スケジュール例（社会人からの受験[大卒資格あり]）

社会人として勤務・主婦など

本書はここで使えます

受験の1〜2年前より受験勉強開始

ある程度素地はあるため独学

心理学や英語に自信がないため予備校で学習

X年9月〜11月（秋受験）、またはX+1年2月（春受験）　大学院入試（筆記、面接）

X年10月〜12月（秋受験）、またはX+1年3月（春受験）　大学院入試合格発表

X+1年4月　大学院入学

2年間大学院で研究

X+3年(1〜3月頃)　公認心理師資格試験

X+3年3月　第一種指定大学院修了

X+3年4月　心理職勤務開始

本書はここで使えます

予備校 or 仲間内 or 1人独学
半年間の受験勉強
and
1年間の資格なし心理職

X+3年10月　臨床心理士資格試験（筆記）

X+3年11月　臨床心理士資格試験（面接）

X+3年12月　臨床心理士資格試験合格発表

4か月（12月〜3月）待機

X+4年4月　臨床心理士資格取得

X+4年4月　臨床心理士取得後心理職勤務

4 Biblio（心理研修動画サブスク）

　月額1,980円を視聴できる動画が心理研修動画のサブスクリプション（動画見放題）サービスです。その他、臨床心理士ポイント申請研修への登録者無料参加、心理アセスメント研修の抽選参加権（別途有料）の付与など、登録者特典も多数あります。

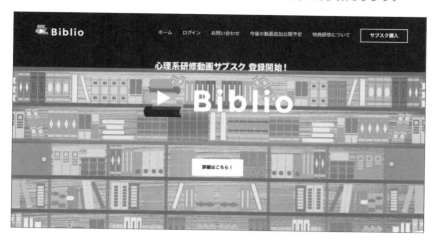

5 take note（カウンセリング補助アプリ）

　無料ダウンロード（アプリ内課金も無し）が可能なカウンセリング補助アプリで、カウンセリング等に関するメモや予定を保存したり、マインドフルネスやリラクゼーション法、認知再構成法などの機能も搭載しています。iPhone、android両対応。

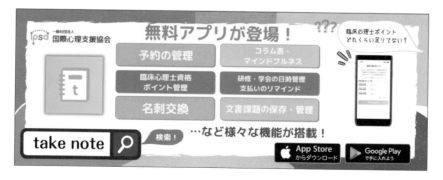

目次

第1章 基礎心理学

1-2 認知心理学

難易度 ★★☆

キーワード ・認知革命 ・人工知能

過去問題 ④12 ㉓2

　認知心理学は、情報処理、認知過程など、人間の認知活動について研究する心理学の一分野です。ゲシュタルト心理学、認知発達論や新行動主義も認知心理学の一部として考えることができます。

◉ 認知革命の登場

　1920年代以降、物理学に倣った科学的心理学として、行動主義による心理学が隆盛を極めました。1960年代前後に起きた「認知革命」の中で、自由さを備えた新しい観点として、計算機科学、情報科学、言語学など、さまざまな影響を受けて生まれたのが認知心理学です。認知と感覚、知覚は似たものとして扱われることが少なくありませんが、認知とは外界環境に存在する対象の知覚の上に成り立つ判断や解釈までを含める概念とされ、感覚や知覚とは異なることがわかります。

◉ 認知心理学へ影響を与えた学問

　認知心理学が影響を受けた計算機科学とは、情報や計算の理論的な基礎に基づく計算機（コンピュータ）への展開、応用に関する学問です。ウィーナー（Wiener,N.）のサイバネティクス（cybernetics）という学問分野では、生物と機械における制御と通信・情報処理を総合的に扱いました。サイバネティクスは第二次世界大戦において、戦闘機を高射砲で撃ち落とすために、上空の戦闘機の位置を予測するための研究でした。これの登場により、戦闘機が避ける方向や速度を考慮して誘導ミサイルが作られるようになり

サイバネティクス

サイバネティクスとはギリシャ語の「舵取り」からきており、生物と機械の自動制御の類似性や関連性に着目し、そこから情報関係や工学関係などの様々な分野を発展させました。

ました。サイバネティクスは、家族療法の考え方の中でも用いられています。また、シャノン(Shannon,C.E.)による「情報理論」やコンピュータの技術革新、人工知能の研究などが認知心理学へ与えた影響は少なくありません。

● 認知心理学における諸理論

人が情報処理を行う際の記憶容量について、ミラー(Miller,G.A.)の研究(**マジカルナンバー7**)や、選択的注意のフィルターモデル(filter model)を提唱したブロードベント(Broadbent,D.E.)らの研究などがあります。また、言語学関連では、**チョムスキー(Chomsky,N.)**の**生成文法理論**が言語認知発達における重要な理論とされています。また、1960年にミラーは共著『プランと行動の構造』の中で、それまでの行動主義モデルに代わる行動の記述単位としての**T.O.T.E**を考えました。

T.O.T.E

T.O.T.Eとは、テスト(Test)－操作(Operation)－テスト(Test)－出口(Exit)からなるフィードバック構造に関係するものであり、サイバネティクスの影響を受けています。行動主義で提示されたS-Rという学習理論に対して、ミラーはそのような情報のフィードバック構造を考慮に入れたモデルを形成しました。

1-3 社会心理学

難易度 ★★★

● check

キーワード	・印象形成 ・群集心理 ・対人認知 ・自己知覚 ・ゲーム理論
過去問題	⑥14 ⑧15 ⑨24 ⑪18 ⑯1,4 ⑱17,18 ⑳19 ㉓19 ㉕15 ㉘12 ㉙4 ㉚1,3 ❶7,15 ❷19 ❸7,15

　広義の社会心理学の定義は、「個人に対する社会からの影響や相互関係を、心理学的に捉えたもの」です。

● 対人認知

　私たちは対人場面において、初めて人と会ったとき（もしくは会う前に）、相手の印象を作っています。会う前に共通の知人によってもたらされた相手の情報のほか、会った時の容姿、声色、声の高さ、身振り手振り、表情などの情報から、相手がどのような人物なのかを推論して接します。このように部分的情報から全体的なパーソナリティを推論することを印象形成といいます。

初頭効果	提示される情報の順番が異なることによって、抱かれる印象が異なってくることがわかっており、初めに提示された情報が印象を形成する上で大きく影響すること。
新近効果	数多くの情報を提示された場合、最後に与えられた情報が、印象形成に大きく影響すること。
中心特性	印象を形成する際に元になる情報で"核"となるような重要な特性のこと。それ以外の特性のことを周辺特性とよぶ。
ステレオタイプ	ある一つの特徴を備えていることや、ある集団に属しているというだけで、「きっとあの人は、○○な人だ」と決めつけてしまう固定観念のこと。
確証バイアス	他者に対して自身の先入観に基づいて観察することで、自らの都合のいい情報だけを拾い集め、「やっぱりそうだ」と先入観を強めること。
単純接触効果	物理的に接する回数が多い相手に、より好意を抱きやすい傾向のこと。

● 群集心理

個々人の性格のほか、人が集まり集団を形成することで、集団としての性格を帯びると考えられています。

社会的促進	何か作業を行うとき、一人で作業を行うよりも、集団の中で作業を行う方が作業効率が上がること。
社会的手抜き	複数名で取り組み責任が分散されることで、作業効率が低下すること。背景には、匿名性の高さによって集団の中で個人が目立たなくなること（脱個人化／没個性化）が関わっています。
傍観者効果	援助が求められる状況下で、自分の他にも人がいることによって、援助行動が抑制されること。
同調行動	集団の圧力が生じることによって、個人の行動や信念が集団のそれと一致した方向へ変化（同調）することがあり、そういった場合にその個人がとる行動のこと。
集団の凝集性	集団が成熟していくと、成員を集団に引き付けようとする力が集団内から生まれ、強まっていきます。その集団としてとどまり続けようという力が、各成員に働くような性質のこと。
集団的浅慮	集団の凝集性や秘密性が高いこと、強いリーダーが存在すること、強いストレス下にあることによって、正しい判断がなされなくなる状態。
集団極性化	集団心理が働き、そのことで集団が行った決断が極端な方向に傾くこと。集団の決定がより危険性の高いものへとなるリスキーシフトと、より慎重な決定がなされるようになるコーシャスシフトとに、分けることができます。

● 自己知覚

　自分自身の心理状態について、自己の行動や周囲の反応などといった外的な手がかりから推測して知る傾向があるという自己知覚理論が、ベム（Bem,D.J.）によって示されました。

は喃語（なんご）が始まります。初語が始まるのは**1歳**ごろが多く、1歳半を過ぎるころから言葉の数が増えるとともに、一語文から二語文へと2つ以上の単語を組み合わせて使えるようになります。

　2歳ごろでは「これ、なに？」という言葉がよく発せられるようになることも多く、**3歳**になると言葉がかなり流暢になり、「なんで？」と大人に聞くような場面もみられます。

◉ 共同注視と指差し行動

　生後9～10ヶ月頃になると、保護者などの他者が何かに視線を向けたとき、乳児もその視線を追って同じものに注意を向けることができるようになってきます。そのことを共同注視（共同注意とも）といいます。また、逆に乳児が指差しをして、対象を示すようになるのも同じくらいの時期です。これらの行動は、自閉スペクトラム症では見られにくく、発達を査定する際の一つの要素にもなります。

◉ 発達の最近接領域

　ヴィゴツキー（Vygotsky,L.S.）は、子どもの知的発達について関心を持ちました。子ども一人では達成できず、大人や年長者の援助が少しあることで、はじめて達成できるような境界水準の発達領域のことを、発達の最近接領域と名づけました。

◉ 対人認知の発達

　ファンツ（Fantz,R.L.）は、**視覚的選好法（選好注視法）**という実験を用いたことで有名です。子どもに様々な模様を提示し注視時間を測定したところ、新生児ですら簡潔なパターンの刺激よりも複雑なパターンの刺激をより長く注視し、特に人の顔のパターンの刺激をより長く注視する傾向がみられました。また、乳児は自分で行動や意思を決定することが難しいため、大人（主に養育者）の表情や反応、行動を手がかりにして、未知のものへの態度を決定します。これを社会的参照といいます。

● 愛着の形成

　愛着（アタッチメント）とは、ボウルビィ（Bowlby,J.）が提唱した、生後間もないころからみられる養育者（主に母親）と子どもとの間の絆のことです。ハーロウ（Harlow,H.）といえばアカゲザルの実験が有名ですが、**母性剥奪**といった愛情交流の欠落によって、子どもの知的発達の遅れや社会性の成熟度の低下などが起こることや、母親との愛着の相互作用によって形成される自己や他者への確信を示す**愛着の内的ワーキングモデル**を提案し、愛着の重要性を示しました。

アカゲザルの実験

　話の聴き手の身体が、話し手の発する言葉に対して非言語的な応答をすることを**エントレインメント（相互同期性）**と呼びます。大人同士の会話における身体の微細な動きは新生児にも見られ、表情の同期現象としては、新生児に対して、大人が口を開閉したり舌の出し入れをしたりすると、新生児は同じ動作を行う共鳴動作という言葉が、単なる模倣とは別物として扱われています。

　エインズワース（Ainsworth,M.D）は、**新奇場面法（ストレンジシチュエーション法）**を用い、子どもが親との分離・再会場面で示す行動から愛着のタイプを分けました。

新奇場面法

①実験者が母子を部屋に入れて退室

②母は子に関与しない

③見知らぬ女性が入室し、1分間沈黙する。
次の1分間は母と話す。残り1分は子に
働きかける。母は退室する

④見知らぬ女性が子どもにあわせて行動する

⑤見知らぬ女性と入れ替わって母が入室。母は
子をなぐさめて遊ばせ、バイバイと言って退室する

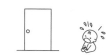

⑥子を1人にする（3分以内）

⑦見知らぬ女性が子どもにあわせて働きかける

⑧母親が入室し、子を抱き上げる。
見知らぬ女性はそっと退室する

安定型	分離時に混乱を示すが、再会時には精神的安定を示す
アンビヴァレント型	分離時に混乱し、再会時には養育者に対し陽性（例：喜ぶ）と陰性（例：攻撃行動）の両価的な態度を示す
回避型	分離・再会時ともに混乱せず、養育者との距離を置く
無秩序・無方向型	接近と回避が安定せず、秩序立っていない

◉ 他者の心の理解の発達

　「他者がどのように考えているか」について推し量ることを**心の理論**と呼びます。心の理論のおかげで他者とのコミュニケーションを円滑にすすめることができます。

　心の理論を獲得しているかを確かめる課題として、**サリーとアン課題**（**誤信念課題**）が有名です。「アンがサリーに隠れて、カゴの中の玉を箱に入れ替えた」という物語を提示し、「サリーが戻ってきたときに、玉を見つけるためにどこを探しますか」という質問をするものです。自閉症児は、このような誤信念課題を通過することが困難といわれています。

サリーとアン課題

これはサリーです。　これはアンです。

サリーは、カゴを持っています。
アンは、箱を持っています。

サリーは、ビー玉を持っています。
サリーは、ビー玉を自分のカゴに入れました。

サリーは、外に散歩に出かけました。

アンは、サリーのビー玉をカゴから
取り出すと、自分の箱に入れました。

さて、サリーが帰ってきました。
サリーは自分のビー玉で遊びたいと思いました。
サリーがビー玉を探すのはどこでしょう？

● 児童期後期

児童期後期では、子どもは自発的に集団を形成することが多く、そうした同性による小集団が反社会的な性質を持つことが多いといわれており、この年齢集団のことを特に**ギャングエイジ**と呼びます。思春期においては、意見や趣味が似ていることによって小集団が形成されるようになります。また、**サリヴァン**（Sullivan,H.S.）は前思春期における親友関係が重要であると考え、この関係のことを**チャムシップ**と呼びました。

1-5 教育・学習心理学

難易度 ★★★

　教育心理学は、人に何かを教える（教育する）ことに関する心理学の総称として、学習心理学は学習者が何かを覚え学ぶことに関する心理学の総称として使われています。

● 反射・行動・学習

　人や動物が行う行動は、生得的行動と獲得的行動に分けることができます。**生得的行動**とは、反射などの遺伝的に規定された行動で、外部環境の影響を受けません。

　反射とは、適刺激により確実に引き起こされる、体の一部の典型的な運動パターンのことを指します。膝蓋反射、瞳孔反射、唾液反射などがあり、新生児期特有のものに原始反射（1-4参照）があります。

　獲得的行動とは、日常の中で、学習や訓練などの経験を通して獲得されていくものです。学習に関しては、行動主義の学習理論や実験心理学などといった多様な立場からの研究によって、さまざまなことが明らかになってきています。

● 学習理論における学習

　行動主義による学習理論では、古典的条件づけとオペラント条件づけと呼ばれる2種類の条件づけ、モデリングから示されます。

● 古典的条件づけ

　古典的条件づけとは、パブロフ（Pavlov,I.P.）による条件づけ理論で、**レスポンデント条件づけ**とも呼ばれ、「**パブロフの犬**」という言葉でも有名です。

　肉片を犬に提示すると、犬の口には唾液が分泌されます。一方でベルの音を聞かせても犬の口には唾液が分泌されないのは自明です。次に、ベルの音を鳴らしてすぐに肉片を犬に提示します。犬はベルの音には反応せず、肉片に反応して唾

液を分泌しますが、この手続きを何度も繰り返していると、ベルを鳴らしただけ
で犬は唾液を分泌するようになります。このような手続きを条件づけと呼び、条
件づけによって獲得された反応のことを**条件反応**と呼びます。

＊この際の肉片は無条件刺激（条件づけが必要ない刺激）と呼ばれ、ベルの音は条件刺激（条件づけに
　よって刺激となったもの）と呼ばれます。

●古典的条件づけ

般化	条件づけが形成された後、次第に全く同じ条件刺激（例、ベルの音）でなくても、条件刺激と類似した刺激（他のベルの音）であれば条件反応（唾液の分泌）が起こるようになること。
分化	類似した刺激（違うベルの音）を提示した際、無条件刺激（肉片）を与えずにいると、類似した刺激では反応（唾液の分泌）が起こらなくなり、条件刺激にのみ反応するようになること。
消去	条件刺激（ベルの音）を提示した後に無条件刺激（肉片）を与えずにいると、やがていずれの刺激を提示しても反応（唾液の分泌）が起きなくなること。

◎ オペラント条件づけ

　オペラント条件づけの基礎概念は、ソーンダイク（Thorndike,E.L.）によって
形作られました。ソーンダイクは**猫の問題箱**と呼ばれる実験装置を作り、箱から
外にあるエサを取るためにはヒモを引かなければ、エサに通じる扉が開かない
ようにしておきました。何かのきっかけでヒモが引かれた際に扉が開き、エサを
取ることができると、同様の行動を繰り返すことで「ヒモを引く」という正しい
反応に到達する時間が短くなりました。この学習を試行錯誤学習と呼びます。

猫の問題箱

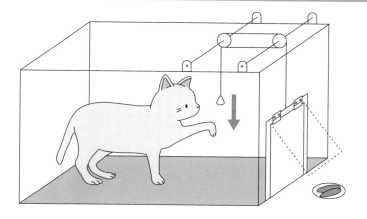

スキナー箱

　一方、スキナー（Skinner,B.F.）は、**スキナー箱**と呼ばれる実験装置を作りました。スキナー箱にはラットやハトが入れられ、レバーを押すとエサが出てくるように作られていました。箱の中にはエサが出てくるレバーと、エサが出てこないレバーがあります。箱の中の動物が、偶然エサの出るレバーを押しエサを獲得できると、次第にその行動を繰り返すようになり、エサが出るレバーを押す回数が増えていくことが確認されました。

　行動の生起頻度が増加する（行動が強化される）きっかけとなるものを**強化子**と呼びます。また、対象が目的とする行動（オペラント行動）をとった後に強化子を与えると行動が強化されることを見出し、これをオペラント条件づけと命名しました。

◉ オペラント条件づけによる学習

　オペラント条件づけを用いた技法として、目標行動を**スモールステップ**に分けて段階的に導く**シェイピング（shaping）**という技法があります。

三項随伴性

学習心理学では、人や動物の行動は「弁別刺激＝オペラント反応＝反応結果」という関係で制御されていると考えます。この関係を三項随伴性と呼びます。

●オペラント条件づけによる学習

連続強化	強化子を毎回必ず与えること。
部分強化	強化子を時々、もしくは部分的に与えること。
消去	オペラント反応が生じた際に、強化子を全く与えないようにすることで反応の生起頻度が減少し最終的に無くなる現象のこと
消去抵抗	消去の手続きを開始した際に、行動が消去されずに持続しようとすること。一般に連続強化よりも部分強化によって生じた学習の方が消去抵抗は大きいと考えられている。
弁別学習	強化子の種類や強さによって、オペラント反応を生じさせるかどうかを弁別すること。
回避学習	嫌なことを避けることで、苦痛と向き合わなくて済むことを学習し、それが行動として定着すること。

◉ 社会的学習理論

　子どもが親のまねをするといった行動は**模倣学習**と呼ばれ、この成立は強化によるものだとされてきました。

　バンデューラ（Bandura,A.）は、行動に対して直接的な強化を行わなくても、対象（モデル）を観察することで行動の強化が起こるということを見出し、社会的学習理論として**観察学習**を体系付け、**モデリング（modeling）**と呼びました。

　このように、モデリングによって学習される行動には、大人の暴力を子どもが

学習するといったものも含まれます。なお、バンデューラは個人や環境、行動などが相互に影響しあう関係にあるという相互決定主義の立場をとっていました。

モデリング

◉ 条件づけによらない学習

学習には、条件づけでは説明できないものも存在します。例えば、瞬間的な洞察や、トールマン（Tolman）らの実験による潜在学習などは、認知的学習と呼ばれます。

また、セリグマン（Seligman,M.E.P）は、苦痛等に対処する可能性が感じられなくなった際には、無反応・無気力状態が学習されるとしました。セリグマンの研究では、犬に電流を与えると、犬は最初、その電流から逃れようと様々な回避行動を試みますが、いくらあがいても逃げられないと感じてしまうと、その後電流が何度流されても動かなくなって、抑うつのような状態がみられるようになりました。こういった無反応状態の学習のことを学習性無力感と呼びます。

◉ 動物行動学における学習

有名な例として、ローレンツ（Lorenz,K.Z.）による初期学習/刻印付け（インプリンティング）があります。ローレンツは鳥のガンのひなを育てていましたが、孵化直後の短い期間（臨界期）に目にした「動くも

ポイント

臨界期という概念は、人間の発達に関しても適用され、そこから3歳児神話なども生まれました。しかし、近年ではそれほど厳密に規定されているわけではないと考えられるようになり、代わりに「敏感期」という言い方がなされています。

の」に対して後追い行動をすることを発見しました。その「動くもの」は母親でなくても、おもちゃの鳥でもローレンツでも後追いし続けました。一度、このような刷り込みが生じると、後追いの対象を変更することが非常に困難になります。

刷り込み

● 実験心理学的研究

エビングハウス (Ebbinghaus,H.) の**忘却曲線**がよく知られています。この研究によって、記憶した事柄は1日の間に忘却が急激に起こり、その後、緩やかな曲線を描いて忘却が進むということがわかりました。そのため忘れかけた際に何度も再学習（復習）を行うことで、再学習効果が得られるといわれています。

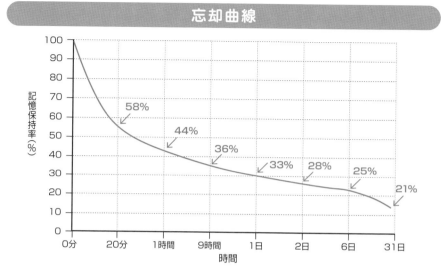

忘却曲線

縦軸: 記憶保持率(%)
横軸: 時間

- 58%
- 44%
- 36%
- 33%
- 28%
- 25%
- 21%

0分 20分 1時間 9時間 1日 2日 6日 31日

◉ 学習法、知識と動機づけ

　身体の感覚と運動機能を協応させて行うスポーツや、運転など技術学習を「感覚運動学習」と呼び、学習の回数や時間などと成績との関係を表した曲線のことを**学習曲線**といいます。感覚運動学習をうまく成立させるためには、練習法やフィードバック、**学習の転移**などが重要になってきます。

● 練習法―課題の配分での分類

全習法	一度に全ての内容を練習する方法。
分習法	全体をいくつかの部分に分けて、部分ごとに学習を行う方法。
累進的分習法	分習法のうち、A➡B➡A・B➡C➡A・B・Cというように、以前の段階の復習を入れつつ、次の課題にも同時に取り組んでいく方法。

　人間の知識は2つに分けることができ、**宣言的知識**と**手続き的知識**があります。宣言的知識とは、「～は…である」といった形や「～なので、…である」といった形の宣言できる形での知識を指し、単なる知識とは異なります。また、**手続き的知識**とは、いわゆるノウハウとしての知識で、そのまま物事に適用できるような知識を指します。

　物事をやろうという気持ちを動機づけ（モチベーション）といいます。動機づ

けは、連合説を基とする外発的動機づけ、認知説を基とする内発的動機づけとに
分けられます。

● 動機づけ

外発的動機づけ	賞罰といった外部刺激を用いることによって生じるもの。
内発的動機づけ	知的好奇心などによって内的に湧き起こってくるもの。

● 教育場面における学習

学校での学習方法には、学習者が自ら知識を発見する発見学習、学習すべき知識や概念を教育者が示し、それを学習者が受容する受容学習、コンピュータ等を利用するプログラム学習、小集団を構成してディスカッションなどで進めていくグループ学習などがあります。

ピグマリオン効果

教師の期待によって、児童・生徒など学習者の学習成績が上昇することが実証され、ピグマリオン効果と呼ばれています。

学級集団内の心理学的構造を数理的に表す測定法としてソシオメトリーをモレノ (Moreno,J.L.) は開発しました。測定法は行動観察や質問紙法、面接法など様々ですが、その中でも被検者である児童・生徒に、他の児童・生徒を「選択（好きなクラスメイト）」「排斥（嫌いなクラスメイト）」させたうえで回答させるソシオメトリック・テストが有名です。

ポイント

ソシオメトリック・テストは、嫌いなクラスメイトを選ばなければいけないということが、倫理的に教育現場にふさわしくないということから、最近では使われなくなりました。

ギルフォード (Guilford,J.P.) によれば、人間の思考の側面として2種類があるとされています。一つは、唯一の決まった答えが用意されていて、それを導き出す思考で、収束的思考と呼びます。それに対してもう一方は、用意された情報から様々に思いを拡散させていき、その中で創造的な答えを導き出す思考で、拡散的思考と呼びます。北欧などではこのように一つの答えにこだわらず、複数存在する解答を導き出せるような教育が進んでいます。

1-6 感覚・知覚

難易度 ★☆☆

第
1
章

基礎心理学

● check

キーワード	・知覚の恒常性・ミューラー・リヤーの錯視・仮現運動
過去問題	⑤4,7 ⑧5 ⑨3 ⑩6 ⑭5 ⑯5

　心理学では、単に人の心を扱うだけではなく、感覚や知覚といった生理学的なものについても扱い、感覚心理学や知覚心理学と呼ばれることもあります。

◉ 感覚と知覚

　感覚とは、「感覚受容器の興奮が中枢神経系に到達して生じる経験」のことをいい、その感覚受容器を興奮させる（反応する）物理的エネルギーのことを刺激といいます。

　たとえば、光を感知する場合の刺激は"光"であり、その光の感覚受容器としての目がとらえます。音が聞こえる場合の刺激は音です

適刺激と不適刺激

　各感覚受容器には、それぞれに適した種類の刺激があり、それは適刺激と呼ばれます。しかし、各感覚受容器には本来適さない種類の刺激によって、刺激がもたらされることがあります。たとえば、眼球が圧迫されることによってまぶたの裏に光のようなものが見えるなどは、不適刺激と呼ばれます。

が、その音源が起こす空気振動によって伝達される周波数を、その音の感覚受容器としての耳がとらえます。これら五感（視覚・聴覚・味覚・臭覚・皮膚感覚〈触覚・圧覚・痛覚・温覚・冷覚〉）や、運動感覚、平衡感覚、内臓感覚などが、感覚です。

　それぞれの感覚に即した体験内容のことを感覚のモダリティ（感覚様相）といい、それらモダリティは、どの感覚受容器で刺激を受け止めたかによって決まります。

　上記のような感覚に対し、音が感覚受容器である耳に、単に受け止められるだけではなく、音楽を聴く場合には曲を曲として認識し、それに伴った感情が生じるため、感覚よりも高次な処理として知覚が生じます。

69

● 錯覚と知覚の恒常性

　人間の知覚は、刺激を正確に反映しないことがあります。物理的な刺激に基づかずに知覚が生じる幻覚とは異なり、知覚のメカニズムにおいて見誤って知覚することを錯覚といいます。錯覚は各感覚モダリティにおいて生じますが、視覚における錯覚（錯視）が最もよく知られており、中でも有名なのは**ミューラー・リヤーの錯視**です。

　形の変化の知覚について、人間の網膜は対象の距離の変化によって網膜像も大きさを変えます。たとえば、1m先にいる人と2m先にいる人の網膜に映る像は2倍の違いがあります。しかし、実際はそれほど大きさに違いを感じません。この現象を知覚の恒常性といいます。これによって、対象物の移動や照明の変化で感覚器に到達する刺激の大きさや強度が変化したときも、知覚はさほど変化せず、同じ対象は同じように知覚され、私たちの知覚世界は安定したものとなっています。

● 運動の知覚

仮現運動

　踏切の左右交互に点灯を繰り返すランプを見ていると、踏切のランプは交互に点灯しているだけであるのに、一つの光が左右に動いているように運動を知覚することがあります。このような現象のことを仮現運動といいます。

　また、何も見えない暗闇において、小さな一つの光を見つめていると、次第にその光が動いているように見えてくることを自動運動と呼びます。

　さらに、電車に乗っていて隣に停車している電車をみているとき、隣の電車が動き出したことで自分の乗っている電車が動いているように知覚してしまったり、雲が流れているのに対して、雲の中の月の方が動いていくように感じるといった知覚のされ方を誘導運動といいます。

　対象が動いている様子を見たあと別の静止対象を見ると、直前に見ていた対象とは逆の方向に見える現象を運動残効といいます。たとえば、滝が下に流れ落

ちるのをしばらく見ていた後、周りの岩壁を見ると、岩が上にのぼっていくように見えたりする現象のことです。

　また知覚理論としては他に、**ギブソン（Gibson,J.J.）**による**アフォーダンス理論**があります。アフォーダンスとは、ある特定の行動を引き起こす物質が持っている物理的特性のことで、「引き手がついているものは引くことが可能である」し、「ボタンがついているものは押すことが可能である」ということです。イスは「座る」というアフォーダンスを兼ね備えており、その物質・物体が持っている特性として、人にある特定の動作をさせる可能性を兼ね備えていることを指します。

◉ 視知覚の生理学的基礎

・目の仕組み

　「目」とは、最も多くの情報をとらえる感覚受容器と考えられており、眼球と呼ばれる球状の構造物のことを指しています。眼球の内側には、網膜と呼ばれる膜状の組織があります。光は瞳に入射し、その光は網膜に投影され、それに対して神経細胞が反応して、信号が視神経を通って脳に送られ、視覚という感覚が成り立ちます。光を受容する細胞のことを光受容神経細胞と呼び、**錐体細胞**と**桿体細胞**の2種類に分けられます。

錐体細胞	明るい場所で活発に活動する
桿体細胞	暗い場所で活発に活動する
明順応	暗い場所から明るみに慣れていくこと
暗順応	明るい場所から暗闇に慣れていくこと

◉ 目の知覚

　目が色を知覚することに関する説の一つとして、**ヤング－ヘルムホルツの3原色説**があります。ヤングとヘルムホルツは、「赤」「青」「緑」といった3原色に対応した視神経細胞があるのみで、それぞれの反応の程度によって色の感じ方が異なると仮定していました。しかし、色覚異常を持つ者の存在や、色の残効現象の説明がつかず、批判を浴びました。

　3原色説の後には、ヘリングの反対色説が提唱されました。「黒－白」「赤－緑」

「黄-青」といったそれぞれ反対色と呼ばれる色が存在し、網膜上にそれらに対応する3種類の化学物質があることを考えました。ところが、後の研究でこの理論が想定した化学物質は網膜上に存在しないことが明らかになりました。最近では、網膜の視細胞では3原色、神経細胞では反対色によって光の処理がなされているという両方の仮説を取り入れた段階説が主張されています。

● 視覚と脳

　網膜からの神経は、それぞれ左右の眼球の鼻に近い側にある神経が交叉しており、電気信号が脳の視覚野に送られる際に、右視野で見た情報は左半球に送られ、左視野で見た情報は右半球に送られます。このように、目で知覚した情報が反対の脳に伝達されることを視交叉といいます。

視交叉

視交叉とは、右目で見た情報が左脳の視覚野にいくのではなく、両目で見た視覚情報のうち視野の右半分にあたる情報が左脳の視覚野にいきます。つまり、両目で見た視覚情報は脳内で右視野と左視野というふうに分けられて処理されます。

1-7 リーダーシップ理論

難易度 ★★

● check

キーワード　・集団凝集性・グループダイナミクス・PM理論・条件即応モデル

過去問題　⑫6 ⑭4 ⑮7 ⑰17 ㉓20 ㉔18

　リーダーシップの研究は古く、古代ギリシャまで遡ることができます。非常に多元的、複雑なテーマで、論者の数だけリーダーシップ理論が存在するといわれています。

● 集団とは

　集団の定義は様々ですが、複数の個体の集合を指し、心理学のある立場では、共通の目標をもって相互作用を行い、影響を及ぼし合っていることなどを集団成立の要件としています。自己カテゴリー化（自身の所属する集団（カテゴリー）を、他の集団と比較して決定すること）という考えに基づくと、人はある集団に所属すると感じたときに、集団が存在するとも考えられます。

グループダイナミクス

集団力学ともいい、集団やその成員（メンバー）が相互に影響しあってどのような行動や思考をとるかということを研究する、社会心理学の学問領域を指します。レヴィンの場理論を元に発展してきました。

● リーダーシップ理論

　集団を目的に沿って一つの方向に進めていくためには、成員をまとめあげるリーダーが必要です。リーダーが集団をまとめあげ、集団の向かうべき方向を指し示し先導する過程をリーダーシップと呼びます。リーダーシップ理論について、数多くの研究者が研究を進めてきました。

PM理論

　三隅二不二（みすみじゅうじ）によって提唱された、日本で最も有名なリーダーシップ理論です。レヴィンら（Lewin,K.etal.）によるリーダーシップ理論に基づき、リーダーシップを集団達成機能と集団形成維持機能とに分け、これらの強さによってリーダー

シップの発揮のされ方が異なると考えます。

集団達成機能 （Performance）	集団の目標達成に向けて、方法や意見の提示を求め、達成することを志向する機能。
集団形成維持機能 （Maintenance）	成員の発言や参加を促したりすることで集団内の友好な関係を維持する機能。

条件即応モデル

　LPCモデルともいい、**フィドラー（Fiedler,F.E.）**によって提唱されました。集団の条件・状況によってリーダーシップの効果が異なるとしています。一緒に仕事をする最も苦手な仕事仲間に対して好意的な認知があるかどうか、またそのときの集団状況（課題の明確さ、人間関係、リーダーの権限の度合）によって生産性が変わるとするものです。

PM理論図

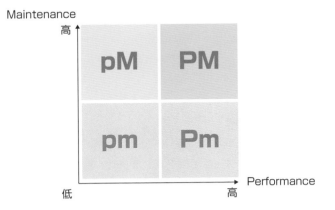

SL理論

　上記の条件即応モデルを発展させる形で**ハーシーとブランチャード（Hersey,P.&Blanchard,K.H.）**により提唱されました。状況という変数に、成員ひとりひとりや集団としての成熟度を合わせて考える理論です。課題志向型

と関係志向型の2つのスタイルの組み合わせによって決まるリーダーシップスタイルとして考案されました。

パス＝ゴール理論

　その名の通り、ゴールを決めるためにはリーダーがどのようなパス（道）を通ればよいかという視点で、**ハウス（House,R.J.）**によって提唱されました。リーダーシップスタイルを、指示型、支援型、参加型、達成志向型の4つに分類し、リーダーの置かれた状況を環境的要因と部下の個人特性の2つの側面に分けて考えたものです。

指示型	課題志向が強く、部下に対し、はっきりと具体的な指示を与える
支援型	部下の考えを立て、感情に配慮しながら課題達成を目指す
参加型	決定を下す前に部下に相談し、意見を取り入れる
達成志向型	達成が難しい目標を立て、達成できるように部下を励ます

◉ リーダーシップのタイプ

　従来のリーダーシップ理論研究の多くが焦点を当てた、リーダーと成員間の関係におけるリーダーシップを交流型リーダーシップと呼び、それに対するリーダーシップとして、集団外の基準も含めた創造的かつ革新的な集団の変革を促す変革型リーダーシップがあります。

1-8 ストレスと心的葛藤

難易度 ★★☆

● check

キーワード	・セリエ ・ストレッサー ・ホメオスタシス ・汎適応症候群 ・コーピング
過去問題	⑨9 ⑪8 ⑫4 ⑬14 10 ㉓18 ㉗7 ❶6,87 ❷8

　ストレスは生きていく上で切っても切れないものです。よって、ストレスについて正しく理解し、対処していく方法を考える必要があります。

◉ ストレスの定義

　ストレスという語を、現在用いられているような意味で最初に用いたのはセリエ (Selye,H.)です。

　セリエは有害物質や寒さ、暑さなどの外部刺激が引き起こす歪みに対して生体が示す非特異的な反応の状態のことをストレスと定義しました。また、ストレスを引き起こすものとしての外部刺激をストレッサーと呼びました。セリエの定義したストレスは、生物的ストレスといいます。

◉ 汎適応症候群（GAS：General Adaptation Syndrome）

　ストレッサーにさらされ続けると、体は様々な身体的反応を示します。これはストレッサーの種類に関わらず生じる非特異的な反応で、セリエにより汎適応症候群と名付けられました。

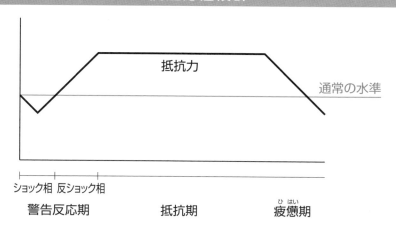

汎適応症候群

抵抗力

通常の水準

ショック相　反ショック相

警告反応期　　　　　　抵抗期　　　　　　疲憊期（ひはい）

◉ キャノンによるストレス理論

　ストレスによる影響への生理学的見地からはキャノン（Canon,W.B.）がホメオスタシスを提唱しました。ホメオスタシスとは、個人が外部の変化にも関わらず、自己の内部環境を安定した状態に保とうとする状態のことを指します。

　キャノンはホメオスタシスの概念のほかにも、特定の情動と本能的反応には関連性があることを説いた、闘争－逃走反応など様々なストレス研究を行いました。

◉ ラザルスによるストレス理論

　心理学的ストレスモデルの代表的な定義は、ラザルス（Lazarus,R.S.）が行いました。ラザルスは、日常いらだちごと（デイリーハッスル）という、日常生活の中にある比較的小さく持続的・慢性的なストレス（たとえば「仕事への不満」や「食事のしたく」など）への主観的な認知評価を重視しました。この評価は2段階に分かれています。

ストレスと自律神経

セリエは副腎皮質ホルモンを基準に調べていたことから、自律神経との関係が特に挙げられています。

```
┌─────────────┐
│ ストレッサー │ ◀── 一次的認知評価：ストレッサー自体の大きさを評価
└─────────────┘
       ↓
┌─────────────┐
│   ストレス   │ ◀── 二次的認知評価：ストレスに対処できるかどうか、セルフ
└─────────────┘            エフィカシーなどに関連
       ↓
┌─────────────┐
│  コーピング  │
└─────────────┘
```

● 日常生活とストレス

ホルムズとレイ（Holmes,T.H.&Rahe,R.H.）は、**社会再適応評価尺度**を提唱しました。

これは、現在の生活に変化を起こす出来事（ライフイベント）と健康・病気との関連性を研究し、尺度として提唱されたものです。ネガティブなライフイベントだけでなく、結婚や誕生日などのポジティブなライフイベント

セルフエフィカシー

自己効力感ともいい、何かを行動、学習できるという期待のことや自分の遂行能力や学習能力についての自信や信念のこと。

からもストレス反応を生じると考えられました。ストレスは全てが悪いものではなく、生活には必要不可欠なものです。しかし、ストレスが過多の状態になると様々な疾患へとつながりやすくなるため、適度に対処することが必要です。

社会再適応評価尺度

項目	点数	項目	点数	項目	点数
配偶者の死	100	経済状態の悪化	38	労働条件の変化	20
離婚	73	親友の死	37	住居の変化	20
配偶者との離別	65	仕事の変更	36	転校	20
拘禁や刑務所入り	63	配偶者との喧嘩の数	35	気晴らしの変化	19
家族の死	63	1万ドル以上の借金（抵当）	31	宗教活動の変化	19
自分のけがや病気	53	借金やローンの抵当流れ	30	社会活動の変化	18
結婚	50	職場での責任の変化	29	1万ドル以下の借金	17
失業・解雇	47	息子や娘が家を出る	29	睡眠習慣の変化	16
婚姻上の和解	45	親戚とのトラブル	29	同居家族数の変化	15
退職	45	自分の特別な成功	28	食習慣の変化	15
家族の健康上の変化	44	妻が働き始める、辞める	26	休暇	13
妊娠	40	入学・卒業	26	クリスマス	12
性的な障害	39	生活条件の変化	25	軽微な法律違反	11
新しい家族ができる	39	習慣の変更	24		
ビジネスの再調整	39	上役とのトラブル	23		

1-10 記憶と脳

難易度 ★★★

「こころ」という観点から捉える心理学のみならず、脳という観点から捉えることも必要です。脳や記憶に関する知識もしっかりと押さえておきましょう。

● 脳の構造

人間の脳は、古くから存在する動物脳としての大脳辺縁系と、人間らしさを司る脳である大脳皮質（大脳新皮質）の2つに分けられます。

● 大脳新皮質

脳を6つの部分として、**大脳半球、間脳、中脳、小脳、橋、延髄**に分けることができます。大脳新皮質は**前頭葉、頭頂葉、後頭葉、側頭葉**の4つの領域に分けて考えられ、前頭前野、前頭連合野とも思考の統合、記憶、知的活動、情動、意欲、判断、計画、人格を司る領域で、運動性言語中枢である**ブローカ野**があります。

頭頂葉は脳の頂上に位置し、体性感覚機能や空間情報処理の機能を司ります。後頭葉は脳の後部に位置し、視覚を司って視神経とつながっています。側頭葉は聴覚を司っており、感覚性言語中枢である**ウェルニッケ野**が存在します。

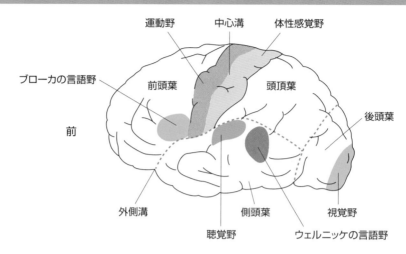

大脳新皮質

● 大脳辺縁系

　大脳辺縁系には旧皮質が含まれており、原始的な脳として知られています。扁桃体や海馬、帯状回といった情動や本能的行動に関連する領域があり、小脳には姿勢を調整する中枢があり、体のバランスを保つために必要な部位とされています。

　パペッツ（Papez,J.）は帯状回の興奮によって、海馬体、乳頭体、視床前核を経て帯状回へ刺激が戻る神経回路を想定し、これをパペッツの回路と呼びます。この回路は記憶に関する回路であることが明らかになっています。その他、記憶に関与する回路として、ヤコブレフ（Yakovlev,P.I.）はヤコブレフの回路を想定しました。側頭葉皮質前部から扁桃体、視床背内側核、前頭眼窩皮質、鉤状束を経て、側頭葉皮質前部へと刺激が戻ると考えられています。

　間脳、中脳、橋、延髄を合わせた部位を脳幹と呼び、基本的生命活動を維持しています。間脳には、意識や情動、運動、感覚の中枢といわれる視床や、自律神経系を調整する中枢で摂食などの本能的行動や情動、代謝、体温の調整を行う視床下部があります。中脳は、視覚や聴覚などの情報を処理し、刺激による反射を司っています。橋は、大脳・脊髄から小脳への連絡を行う部位で、延髄は嚥下や唾液分泌、呼吸、循環器、消化器などの生命活動を維持するために重要な中枢です。

● 左脳と右脳

　脳は左脳、右脳に分かれており、左脳と右脳をつなぐ部位のことを脳梁（のうりょう）と呼びます。左脳は、身体の右半分の運動・知覚を支配しており、論理的思考、言語、計算、会話などを司っています。右脳は、身体の左半分の運動・知覚を支配し、イメージ、音楽、図形、表情などを司っています。左右の脳の機能差のことをラテラリティと呼びます。

　脳梁は、右脳左脳間の情報伝達のために必要な部位で、女性の方が大きいといわれていましたが、最近の研究において有意な差はないとされています。ロジャー・スペリー（Sperry,R.W.）は、分離脳患者の研究を行い、脳半球の機能の違いを明らかにしました。

　左脳は右半身、右脳は左半身につながっているため、右側の信号は左脳に送られ、左側の信号は右脳に送られます。特に、視覚に関して右視野へ入力された情報が左脳に伝達され、左視野に入力された情報が右脳に伝達されることを視交叉（しこうさ）と呼びます。

第1章　基礎心理学

視交叉

【視交叉】　頭上からみた断面図

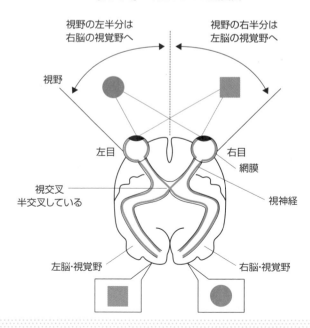

視野の左半分は
右脳の視覚野へ

視野の右半分は
左脳の視覚野へ

視野

左目

右目
網膜

視交叉
半交叉している

視神経

左脳・視覚野

右脳・視覚野

● 実験による脳科学研究

　ペンフィールド（Penfield,W.G.）は、てんかん患者の手術の際、脳に直接電極をあてて刺激を与え、患者の反応を観察することにより、**ペンフィールドの脳地図**と呼ばれる身体部位と脳の部位の対応を描いた図を作成しました。その他、大脳皮質の層構造や機能を分類し番号をつけたものにブロードマンの脳地図があります。

ペンフィールドの脳地図

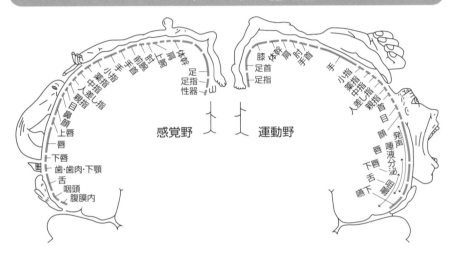

　その他にも、チンパンジーの前頭葉切断によって性格の変化がみられたことから、**モニス**（Moniz,E.）はそれ（**ロボトミー**）を初めて人間に行い、精神疾患の症状を抑えることができる外科手術として注目されました。

　ロボトミーを行ったモニスには、1949年ノーベル生理学・医学賞が授与されましたが、人体実験に近い手術であったことや、副作用の大きさ、向精神薬の発展などによってロボトミーは廃れていき、禁忌とされるようになりました。

● 記憶の仕組み

　記憶のメカニズムとして、記銘（符号化）、保持（貯蔵）、再生／想起（検索）というプロセスが考えられています。また、記憶を保持される時間で分けた場合、長期記憶、短期記憶、感覚記憶という分類の仕方があります。

● 短期記憶

　短期記憶とは、短期間のみ保持ができる記憶のことをいいますが、特に**作動記憶（作業記憶、ワーキングメモリ）**という形で用いられることが多くあります。電話番号を何度も頭の中で繰り返し（メンタル・リハーサル）、電話番号を打ち終わった後には忘れてしまう例などがあります。短期記憶は一次記憶とも呼ばれ、記憶内容が意識上に保持されているものを指します。バッデリーとヒッチ（Baddely,A.&Hitch,G.）は、ワーキングメモリを、**視空間スケッチパッド**（視覚情報を保持）と**音韻ループ**（聴覚情報を保持）、**中央実行系**（それらの制御と処理を行う）の3つから成ると考えました。

● 長期記憶

　タルヴィング（Tulving,E.）は、長期記憶を意味記憶とエピソード記憶の2つに分けました。**意味記憶**とは、辞書的な意味などを覚える知識としての記憶で、エピソード記憶とは、特定の経験に関して一つのエピソードとして覚える記憶のことです。これは**宣言的記憶**とも呼ばれます。宣言的記憶に対する概念として**手続き記憶**と呼ばれるものがあり、想起する時に意識を伴わない記憶のことを指し、体に染みついて覚えているような記憶のことをいいます。想起するときに意識を伴わず行動や判断をする際に用いられる記憶を潜在記憶と呼び、意識して想起する記憶のことを顕在記憶と呼びます。長期記憶は二次記憶とも呼ばれますが、意識上にはもはやなく格納されています。

● 系列位置効果

　系列位置効果とは、記憶の実験の際に得られる呈示する位置（順序）による効果のことです。**初頭効果**（最初に重きを置く）や**親近効果**（最後に重きを置く）があります。

● 脳内の神経細胞

　脳内の神経細胞を**ニューロン**と呼び、ニューロンは**細胞体**、**軸索**、**樹状突起**、**グリア細胞**といった部位に分けられます。神経細胞同士は樹状突起でつながっており、その間隙のことを**シナプス**と呼びます。軸索を伝わってきた電気的信号が化学的信号に変換されて、シナプスにおいてセロトニンやノルアドレナリンなどの**神経伝達物質**が放出されます。

● 自律神経系

体内には無数の神経がありますが、中でも自律神経系は内臓の働きなどを調整します。活動時に活発になる交感神経系とリラックス時に活発になる副交感神経系があります。

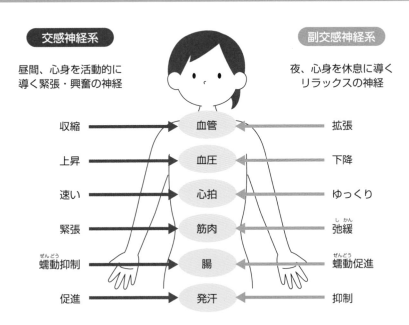

自律神経系

交感神経系 — 昼間、心身を活動的に導く緊張・興奮の神経
副交感神経系 — 夜、心身を休息に導くリラックスの神経

交感神経系		副交感神経系
収縮	血管	拡張
上昇	血圧	下降
速い	心拍	ゆっくり
緊張	筋肉	弛緩
蠕動抑制	腸	蠕動促進
促進	発汗	抑制

● 闘争-逃走反応（Fight-or-flight response）

キャノン（Cannnon,W.B.）によって提唱された恐怖に対する反応で、「戦うか逃げるか反応」とも呼ばれます。動物は恐怖に反応して交感神経が作用し、ストレッサーが視床下部・下垂体に伝達し、副腎皮質刺激ホルモン（ACTH）が分泌され、アドレナリンとコルチゾールが放出されます。その後、闘争－逃走反応に「凍結（フリーズ）」も付け加えられ、闘争－逃走－凍結反応ともいわれるようになりました（ポリヴェーガル理論）。

● フロイトの人間観（後）

　性的エネルギーを生の根源と考える欲動論のほか、精神内界を**心的装置**と呼び、意識（conscious）、前意識（preconscious）、無意識（unconscious）の3領域から成ると考える**局所論**や、自我（ego）、超自我（super ego）、イド（id **あるいはエス** es）といった心の構造論が有名です。

● フロイトの局所論

　精神内界は、意識できている部分（意識）と、意識していないが思い出そうとすれば思い出せる部分（前意識）と、意識しておらず気づかない部分（無意識）の3つに分かれると考えました。不都合なことや脅威的なことは無意識下に追いやられ、神経症という症状になると考えるため、精神分析では、それを意識化・**直面化**する過程を重要視します。直面化とは、クライエントが心理的に直面するのを避けていたテーマや自分の考えに気づき、向き合うことを指します。

フロイトの心の構造

知覚・意識

前意識

超自我

自我

無意識

エス

抑圧されたもの

● フロイトの構造論

　フロイトは、心の構造として、自我、超自我、イド（エス）が重要な役割を担っていると考えました。イドとは、快感原則（pleasure principle）に従うリビドーの貯蔵庫で、快感原則とは、快楽を求めて苦痛を避け、人を突き動かす志向性をいいます。超自我とは、良心、道徳、ルールなど後天的に形成された部分を指します。自我とは、現実原則（reality principle）に従い、イドと超自我の間を橋渡しする部分のことで、快感を求めすぎたイドが抑え込まれたりしないように、コントロールする心の部分をいいます。現実原則とは、イドの動きを制限して現実社会に合わせようとする志向性をいいます。このように、自我をイドが突き動かし、超自我が制御する精神力動を想定しました。

● 神経症と防衛機制

　フロイトは、超自我によりイド（エス）や受け入れがたい感情、コンプレックスなどが無意識下へ**抑圧**されることによって神経症が生じると考え、**防衛機制**の一つとしました。フロイトが提唱した防衛機制という概念を末娘の**アンナ・フロイト**がまとめ、メラニー・クラインは、乳幼児が心を守るために用いる**原始的防衛機制**を見出しました。

● 防衛機制

抑圧	受け入れがたい欲求や感情を、意識の外に押しやること
反動形成	欲求や感情とは逆の行動をとること
投影	自分の欲求や感情を、相手のものであると考えること
同一視（同一化）	名声や権威を自分のものであるかのようにとること
昇華	社会に受け入れられないような欲求や感情を、社会的価値のある形で表すこと
退行	困難な状況で、より未熟な態度や行動を取ること
置き換え	欲求や感情を本来向けるべき対象とは別の対象に向けること
合理化	満足できない欲求に対して、論理的に考えることで納得しようとすること
知性化	受け入れられないものに対して知識や観念を用いて処理しようとすること
補償	劣等感を他の面から補おうとすること
取り入れ	相手の持っている特質や機能を自分の中に取り込み、あたかも自分のものであるかのように感じること
転換	無意識的な葛藤が、知覚あるいは随意運動系の身体症状として表れること
身体化	無意識的な葛藤が、身体症状として現れること
行動化	無意識的な葛藤が、ことばではなく行動を通して表現されること
分離（隔離）	ある観念から本来それに伴っているはずの感情を切り離すこと。
打消し	不安や罪悪感、恥辱の感情を、それとは反対の行為によって打ち消そうとする心理機制

●クラインの原始的防衛機制

分裂	乳児は、対象を良い部分と悪い部分を両方持つ存在として捉えられないため、良い対象と悪い対象に分けて捉える。自己や対象は本来、両価的であるが、それを分裂させることをいう（妄想-分裂態勢）。この際、一方が自己の内にとどまり、一方が対象の側に投げ込まれる事が多い。
投影性同一視	分裂によって、自分が対象に対して「こうあってほしい」という欲望を持ち、自己の幻想を対象に投影することで、相手をコントロールしようとする。
理想化/脱価値化	対象の全てを良いものとみなすことによって、その対象が持つ悪い側面を認めない。悪い側面を認めざるを得なくなると、対象の全ての価値下げを行い、対象を最低のものと評価する。
躁的防衛	これまで認めることができなかった対象の悪い側面も、愛する対象の一部であることを理解し、取り返しのつかないことをしてしまったという不安や罪悪感を感じる（抑うつ態勢）。それに対し、自らが躁的になることでそういった不安や罪悪感に陥ることから自らを防衛する。

● フロイトの心理療法とその考え方

　フロイトは催眠を用いた治療を行っていましたが、無意識下に抑圧されたものを意識化させ、患者が**カタルシス**を得る（浄化される）ことによって、神経症症状が治癒されると考えました。最初は催眠の要素を残した**前額法**という方法で治療を始めましたが、後に**自由連想法**を考案し、それが後々に広まっていきました。

　自由連想法とは、カウチ（寝椅子）に寝転がった状態で心に浮かんだことをそのまま全て話していく方法です。そこで出てきたものに分析家が解釈を加え、患者に洞察を得させることを目指しました。解釈と洞察の過程を何度も徹底的に繰り返し行うことを**徹底操作**と呼びます。分析家は、中立的な態度で洞察を得させるようにしますが、その過程は患者にとって辛いものであることがしばしばあります。自由連想の中から生じるものは超自我によって形を変えたり、セッションへの遅刻・欠席など、分析過程が進むことを妨げたりします。それらを総称して**治療抵抗**（または**抵抗**）と呼びます。

● 感情の転移

　精神分析の過程で、患者が分析家に対して愛情や憎しみといった感情を向けるようになったり、逆に分析家が患者に対して愛情や憎しみなどの感情を向け

るようになることがあります。そのような感情は**転移感情**と呼ばれ、「患者➡分析家」の感情が介在した関係を**転移**、「分析家➡患者」の感情が介在した関係は**逆転移**と呼ばれます。転移は、患者にとっての重要な他者に本来向けられるべきものが分析家に向けられているものと捉えられ、「幼少期に未解決な重要な他者との関係における問題を、分析家との間で再現している」と考えられます。転移感情の中でも、愛情や好意といったポジティブな感情の転移を**陽性転移**、ネガティブな感情の転移を**陰性転移**と呼びます。

　一方逆転移に関しても、分析家自身の「重要な他者との関係における未解決な部分」と捉えられ、分析家はそれを自覚して転移感情に振り回されないように気をつけなければなりません。分析家自身の問題を解決するため、**教育分析**が行われます。

陽性転移	患者・クライエントが元来、重要な他者（母親、父親など）に抱いていた陽性の感情（愛情、親しみ、好意などポジティブな感情）を眼前の分析家・セラピストに向けること。
陰性転移	患者・クライエントが元来、重要な他者（母親、父親など）に抱いていた陰性の感情（憎しみ、怒り、嫌悪感などネガティブな感情）を眼前の分析家・セラピストに向けること。
陽性の逆転移	分析家・セラピストが元来、重要な他者（母親、父親など）に抱いていた陽性の感情（愛情、親しみ、好意などポジティブな感情）を眼前の患者・クライエントに向けること。
陰性の逆転移	分析家・セラピストが元来、重要な他者（母親、父親など）に抱いていた陰性の感情（憎しみ、怒り、嫌悪感などネガティブな感情）を眼前の患者・クライエントに向けること。

◉ 教育分析

　教育分析とは、分析家自らが精神分析を受ける側となることで、分析家自身の未解決な過去の問題を解決し、より中立的に患者の問題を扱えるようになるためのものです。一人前の精神分析家になるためには教育分析を受ける必要があるとされます。

◉ 夢分析

　精神分析では、夢は**願望充足**の過程と捉え、しばしば**夢分析**が行われました。フロイトによると、患者の抑圧された願望が夢となって現れますが、願望そのものが夢として顕在化してしまうことには抵抗を伴うため、超自我によって検閲が行われ、形を変えた状態で夢となって現れます。そのため、夢を解釈する分析家の力が必要でした。

◉ 精神分析的心理療法

　精神分析は、寝椅子（カウチ）を用いて週4回以上行うことが必要とされていますが、現在は正統な精神分析のルールを守って週4回以上行うことは現実的に難しいことが多いため、あまり行われなくなってきました。その代わり、対面式で週に1回行う方法がとられるようになり、正統な精神分析と区別するため**精神分析的心理療法**と呼ばれています。精神分析的心理療法は本質的には精神分析を受け継いでいますが、患者と向かい合って対話のスタイルで患者が話したことに分析家が解釈を行っていきます。

◉ フロイト以後

　フロイトに教えを受けた人は、ユングやその他にも数多く存在しますが、フロイトが生の根源としたリビドーを性的欲動として重要視し続けたことなどから関係に亀裂が入っていき、ユングはフロイトと訣別して分析心理学を創始することとなります。また、フロイトから教えを受けた多くの人も各々の道を歩んでいくこととなりました。

アドラー（Adler,A.）

フロイトから離れた人の中でも、ユングに続いて有名なのは**アドラー**です。劣等感の補償こそが生の根源と考え、劣等感の補償を試みる**力への意志（will to power）**によって他者を優越したい気持ちが出現し（劣等感コンプレックス）、それが過剰になって神経症につながると考え、**個人心理学（individualpsychology）**を創始しました。

ライヒ (Reich,W.)

古典的な精神分析から現代精神分析へと変遷していく際に、性格分析という技法と理論を体系づけたのは**ライヒ**です。性的欲動の重視から離反した弟子たちとは反対に、**性格の鎧**によるリビドーの抑圧が神経症を生じさせるとし、性を社会的な抑圧から解放させるべきだと主張しました。また、自然界に充満するオルゴン・エネルギー（性エネルギー）を発見し、治療に有効だと考えました。

フェレンツィ (Ferenczi,S.)

心的外傷の研究を晩年まで行っていた**フェレンツィ**は、積極療法や弛緩療法を創始しました。積極療法とは、患者の行為を称賛・禁止することによって無意識に抑圧されたものを意識化させるもので、弛緩療法とは、患者自身の対象関係を情動において再体験させるものです。

ランク (Rank,O.)

ランクも**出産外傷説 (birth trauma)** など現代精神分析へ新しい理論を加える貢献をしました。出産外傷説とは、新生児が産道を通って産み落とされるときに、身体的ないし精神的苦痛のため原初的な心的外傷（トラウマ）を負うという考え方です。さらに、意志療法 (will therapy) という心理療法を提唱しました。

自我心理学派

アンナ・フロイト (Freud,A.)、ハルトマン (Hartmann,H.)、**エリク・エリクソンら**

フロイトの末娘**アンナ・フロイト**は、**ハルトマン**とともに**自我心理学派**と呼ばれ、フロイトの理論を継承しながらも、「人は、内的環境や外的環境に適応しようとする自律的自我を持つ」と捉えました。また、心理社会的発達段階を示した**エリク・エリクソン**も自我心理学派に含まれます。

新フロイト派 [対人関係学派]

ホーナイ (Horney,K.)、サリヴァン (Sullivan,H.S.) ら

自我心理学派とほぼ同時に、アメリカでは治療者と患者の間の相互作用や、社会との関係に重点をおいた対人関係学派が生まれました。**ホーナイ**や**フロム・ライヒマン** (Fromm-Reichmann,F.)、**サリヴァン**、**エーリッヒ・フロム** (Fromm,E.) らが含まれます。特にサリヴァンは、「精神医学は対人関係の学である」と「関与しながらの観察」の重要性を述べたことで有名です。

対象関係論学派 [クライン派]

クライン (Klein,M.)、フェアバーン (Fairbairn,W.R.D.) ら

イギリスではクラインや**フェアバーン**らによって、母子関係の自我発達の対象関係を扱う対象関係論学派が形成されました。フェアバーンは「自我は本来対象希求的である」と考え、クラインは内的対象の存在を述べ、また、原始的防衛機制という概念を提唱して自我心理学派のアンナ・フロイトと激しい論争を繰り広げました。クラインの考えはビオン (Bion,W.R.) やスィーガル (Segal,H.) らに継承されています。

クラインは、子どもに遊戯療法を行う際に、遊びの意味に解釈を与えました。また、フロイトの**内在化**の概念を発展させ、内的な対象関係を重視し、転移を内的世界の外在化と捉えました。妄想－分裂態勢 (P-S position) と抑うつ態勢 (D position) の概念を提案し、二つの態勢の間を行ったり来たりすると考えました。生後間もなくから5か月ほどまでの妄想-分裂態勢では、乳児は母親を部分対象としてしか捉えることができず、母乳がよく出る「良いおっぱい」と、あまり出ない「悪いおっぱい」とに分裂 (スプリッティング) して捉えているとされます。生後5か月から1歳ごろまでの抑うつ態勢では、乳児は母親という全体的な対象との関係を持つことができるようになり、母親を強く求めて傷つけてしまったのではないかという罪悪感を抱き、抑うつ的になるとされます。

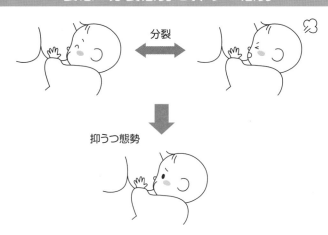

妄想 - 分裂態勢と抑うつ態勢

分裂

抑うつ態勢

ビオンは、対象関係論の考えを継承し、コンテイン（contain）という概念を示しました。乳幼児が迫害不安に陥ったとき母親に攻撃性が向けられ、母親はその攻撃性を乳児にそのまま返さずに、母親自身が容器（container）となってその中に内包し（contain）、安心できる形で返すことで乳幼児の迫害不安が減り、他者への安心感が育つと考えました。

中間学派（独立学派）

ウィニコット（Winnicott,D.W.）、バリント（Balint,M.）、マーラー（Mahler,M.S.）
ウィニコットは内的で主観的な世界と外的で客観的な環境要因とのかかわりを重視し、ホールディング（抱える）すること、偽りの自己、分離不安に対する防衛として移行対象の概念を提唱しました。
バリントは、基底欠損を原初的な母子関係が現れる特性の1つとして挙げ、主に境界例患者における対象関係の重要性を指摘しました。
アンナ・フロイトらと交流を持ったマーラーは、分離個体化理論を提示し、分離個体化の成功により対象恒常性が達成されるとしました。

とから出てきた憎しみによる被害妄想、それらの葛藤や妄想を解決するための防衛機制として出現した誇大妄想と捉えた。

■ フロイトに師事したその他の精神分析家

フロイトから離反していった人物は基礎編でご紹介した人物以外にも数多くいます。

	ジグムント・フロイト	カール・グスタフ・ユング	アルフレッド・アドラー
無意識	意識、前意識、無意識があり、葛藤や欲望が無意識に抑圧されることで神経症となる。	無意識は、個人的無意識と普遍的無意識（集合的無意識）とに分かれ、後者は全人類が奥底で共有している。	意識と無意識は対立しておらず、目的に向かって協力しあう。
夢解釈	超自我によって検閲された願望充足の場としての夢。	個人が向かう未来を指し示す意味、また意識の補償としての夢。	現実での課題対処のための予行練習としての夢。
心理療法の方向性	過去	未来	未来
技法	自由連想法	拡充法、アクティブ・イマジネーション	ライフスタイル分析、3つのライフタスク

フランクル（Frankl,V.E.）

フロイトやアドラーに師事したフランクルは実存分析の概念やロゴセラピーを提唱しました。ロゴセラピーとは、人が「生きる意味」を追い求めているという視点から、生きる意味への評価をよくすることを援助する方法です。ナチスによって強制収容所に収容された体験をもとにした、「夜と霧」という著書がベストセラーとなっています。

ビンスワンガー（Binswanger,L.）

フロイトの精神分析、ハイデッガーの現存在分析論、フッサールの現象学に影響を受け、ビンスワンガーは現存在分析を行いました。現存在分析とは、統合失調症を主に治療対象とし、患者との共人間関係において一個の人格を持った人間として治療的関わり合いを行うものでした。

アレキサンダー（Alexander,F.）

精神医学や心身医学、精神分析に大きな貢献をしたアレキサンダーは、心身症を力動的に捉え、メニンガー（Menninger,K.A.）も、彼から分析を受けています。

■フロイト以降の各学派

フロイト以降、それぞれが学派を作り、自分に合った考え方を採用しています。

・自我心理学：アンナ・フロイト、ハルトマン、エリク・エリクソン、フェダーン

自我発達に伴って防衛機制も発達すると考える学派。ハルトマンは、イギリスの対象関係論学派などと対照的な立場を取り、対立したことは有名。

・対象関係論：クライン、フェアバーン、スィーガル、ビオン

メラニー・クラインらによる対象関係論は、自我心理学と対立し、「部分対象から全体対象へ」という関係性の発達が仮定されている。スィーガルやビオンに継承された。

・独立学派［中間学派］：バリント、ウィニコット

バリント、ウィニコットらは、心的発達での母子の交流を重視する対象関係論を展開した。アンナ・フロイトの自我心理学にもクラインの対象関係論クライン学派にも属さず、独立学派や中間学派と呼ばれる。

・対人関係論［新フロイト派］：ホーナイ、サリヴァン、フロム

フロイトの欲動論について批判を行い、文化・社会的関係を重視した学派。新フロイト派（ネオ・フロイディアン）とも呼ばれる。患者・治療者間の相互作用や、人と社会の関係に重点を置いてパーソナリティ発達を考察した。

・自己心理学：コフート

コフートによれば、自己対象とは「自己のためとその本能投資の維持のために使われる対象、あるいはそれ自身、自己の一部として体験される対象」をいう。自己対象の共感不全があると自己の融和性を実現できず、太古的理想化を引き受けてくれる太古的自己対象を求め続ける。これが自己愛性パーソナリティ障害であるとされる。

・スターンの情動調律

　スターンは、母親と乳児のかかわりあいの中で重要な役割を果たす情動調律を述べた。患者の情動に対して治療者が調律不全に陥るか適切に交流する調律となるかが、言語的交流とともに重要な治療機序となると考えた。また、マーラーの自閉期や共生期などに疑問を投げかけ、固着や退行といった概念の放棄を提唱した。

2-3 ユング心理学

難易度 ★★★

● check

キーワード ・言語連想テスト ・コンプレックス ・個人的無意識 ・普遍的無意識（集合的無意識）・元型 ・共時性 ・布置

過去問題 ⑤34 ⑬13,29,67 ⑮20 ⑳55 ㉓29 ㉗54 ㉚54,73

フロイト（Freud,S.）が自らの後継者となることを望んだ愛弟子がユング（Jung,C.G.）でした。ユングがフロイトに大きな影響を受けながらも離別して創始した分析心理学は、日本人として初めてユング派分析家の資格を取得した河合隼雄によって日本で広く知られるようになりました。

● ユングの生育歴と主な業績

ユング（Jung,C.G.）はスイスの精神科医であり、分析心理学の創始者です。父が牧師で、祖父がバーゼル大学医学部学長だったことはユングに大きな影響を与え、自然科学や比較宗教学に興味を持ちながらも、大学では医学を専攻します。チューリッヒ大学の精神科にて統合失調症の提唱者であるブロイラー（Bleuler,E.）の指導を受け、その後フランスに留学してジャネ（Janet,P.）の下で研究を行いました。帰国してからユングは**言語連想テスト**（Word Association Test）によって無意識の心的過程やコンプレックス（complex）の存在を実証的に示します。

ユングにとって大きな転機となったのは、フロイトの著作に感銘を受けたことをきっかけとして1907年に2人が出会ったことでした。両者は互いに尊敬し合い、議論を重ねながら研鑽する中、1910年にユングは国際精神分析学会の初代会長を引き受けます。しかしその後考え方の違いが次第に明らかとなり、1913年に訣別します。

フロイトとの訣別はユングにとって大きなショックで、4年もの歳月をかけて夢の記録やアクティブ・イマジネーション（能動的想像法 activeimagination）を行い無意識の内容を記録していきますが、この体験がユング心理学の基盤となりました。

1920年に出版した『タイプ論』では、フロイトやアドラーの考えを踏まえ、人

間の性格を内向－外向という一般的態度や、思考－感情、感覚－直観というそれぞれを対とした機能から論じました。また、この著作の中で自らの用いる用語の定義を行ったことも大きな意味を持っています。その後アフリカへの旅や東洋の文化などに触れながら、理論や概念を深化させていきました。

タイプ論

ユング性格類型論

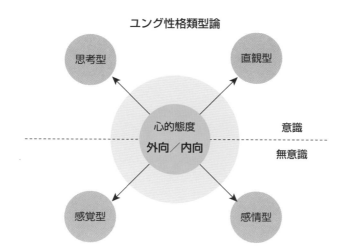

● 個人的無意識と普遍的無意識（集合的無意識）

　ユングは、無意識には個人的無意識（personal unconscious）と普遍的無意識（あるいは集合的無意識；collective unconscious）の2つがあると考えました。個人的無意識は個々の体験や記憶が貯蔵され、その下層にある普遍的無意識は、人類や動物をも含めて受け継がれてきた内容が含まれているとされています。無意識は、意識に対して補償（compensation）の機能を持っており、意識によって抑圧・排除された内容は、夢やイメージ、症状などの形で現れます。普遍的無意識が意識に上ることはありませんが、元型（archetype）というイメージのパターンとして意識化される場合があります。

　意識に上った内容の中で最も創造的な面が認められるものを象徴（symbol）といい、「記号」のように何かを表現するための単なる代用としてではなく、これ

以上適切な表現が考えられないものとされます。象徴の形成に伴って、今まで無意識へと退行していた心的エネルギーが建設的な方向に向かいます。

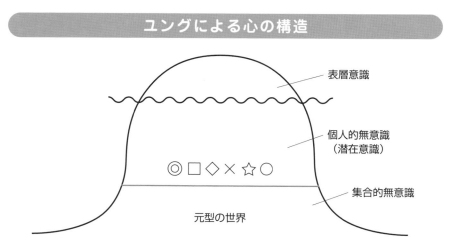

ユングによる心の構造

表層意識

個人的無意識
（潜在意識）

集合的無意識

元型の世界

◉ 元型の種類

　元型は理論的にはいくらでも存在しうるとされていますが、主なものは以下の通りです。

ペルソナ	人が世界に立ち向かう際に身に着ける仮面（顔）。このペルソナによって自分と社会の間に折り合いをつけ、関係性を保つことができるが、自分のペルソナとあまりに密着し、同一化すると、堅さや脆さが生じる。
アニマ	男性が抱く女性像、女性的性質。男性として生きる一方で、自分の中にある女性的な一面がイメージとして現れるとされる。
アニムス	アニマの男性形で、女性が抱く男性像、男性的性質。アニマが永遠の女性というひとりのイメージなのに対し、一度に複数が登場することが多い。
影（シャドウ）	そうなりたいという願望を抱くことがないもの、自分の暗い面や隠したいと思う性質のこと。自我のあるところに影は必ず存在し、影こそが人間らしさをもたらすとされる。
太母（グレートマザー）	母なるもの。生んで育てるという肯定的な面と、包み込んで離さず自立を妨げるという否定的な面の両方を持ち、個人の母親を超えた普遍的な母の元型のこと。

トリックスター	いたずら者やペテン師を指し、破壊性と反道徳性を特徴とする。負の英雄だが、その愚かさによって他の者が達成できなかったことを成し遂げてしまう面も持つ。
老賢者	個性化過程に現れるマナ人格のひとつ。マナ人格とは宗教的で神話的な魔術的な力をもった元型で、そうした力を自らのものであると錯覚する（自我肥大を起こす）危険性を持つ。自我が意識的に自己と直面する際に現れるとされる。その他、魔術師や偉大な師、自己の象徴表現、あるいは老人と少年の両極が一体となったものなど、様々な観点がある。
自己（セルフ）	人に備わる最も豊かな潜在能力と、人格全体を統一する性質を表す元型的イメージのこと。自己は人生において統合され、実現されることを求めるが、決してその過程が終わることはない。また、自己が強調される時、自我や意識に相応の力がなければ自我肥大などの危険ももたらす。

● ユングの心理療法とその考え方

　ユングは、人格のあらゆる側面の、可能な限り十全な表現として全体性を考えました。人間には安定した状態を崩してまでも、より高い次元の統合性を求める傾向があり、意識と無意識を含んだ心のはたらきの中心としてあるのが自己（self）であるとしました。また、そのような全体性へと向かう過程を個性化の過程と呼び、人生の究極の目的であるとされます。心理療法は、セラピストとクライエントが個性化の過程をともにするものであると考えます。

● ユングの目的論的視点

　心のプロセスには補償機能があり、無意識は意識の一面化に対して自己調節しようとしますが、神経症などがあることによってこの機能が阻害されてしまいます。そこで、分析によって補償が再確立されるように無意識内容を探求していきます。ユングはその際に原因を探るのではなく、その人の生がどこへ向かっているのかを考えるという目的論的視点を取り、この点がフロイトと大きく異なります。分析家が目的論的視点に立つことで、クライエントの神経症的な苦悩の中に肯定的な意味を見出すことができ、そうした状態をクライエントが受け入れられるようになると考えます。

　ユングは神経症そのものではなくその人に注意を向け、無意識を探求することによる治療を目指しましたが、分析はあくまで最終手段であり、どのようなケースにも適用できるものではないとも主張しています。フロイトが神経症の

患者を中心に診ていたことに対し、ユングは精神分裂病（今の統合失調症）の患者を診る機会が多かったことが、このような考え方の発展の違いに影響しているといわれています。

コンプレックス（complex）

無意識の中にあり、何らかの感情によって一つのまとまりになっている集合体をコンプレックスと呼びます。コンプレックスは外界を適切に扱おうとする自我の働きを乱します。コンプレックスの核には自我にとって受け入れがたい大きな経験があり、その経験と似た体験が雪だるまのようにまとわりついて形成されますが、クライエントが内面との対決によってコンプレックスを再統合していくと建設的な意味を持ちます。ユングによるコンプレックスの発見は、フロイトにとっての無意識の経験的証拠として貴重なものでした。

◉ 夢分析

　夢の心理的な意義についてフロイトが最初に示しましたが、フロイトが自由連想法を重視するようになったのに対して、ユングは夢の研究を発展させていきました。夢は意識と無意識の相互作用の結果として現れたものであり、その内容を連想などによって検討しながら自我が統合して発展していきます。その際、セラピストはクライエントの夢と似たテーマをおとぎ話や神話などによって補完し、夢の意味を豊かにしていきますが、これを**拡充法（amplification）**といいます。また、夢分析では象徴的な死と対決する場合があり、**死と再生**のモチーフとして重視されます。内的な死は否定的な意味ばかりではなく、「死」が「再生」へとつながる場合は劇的な変化の前兆を示すものとなり、人格の変化を伴う体験をするという肯定的な面もあります。

◉ 能動的想像法（アクティブ・イマジネーション；active imagination）

　能動的想像法（アクティブ・イマジネーション）とはその名の通り、能動的に空想することで、無意識内容に触れようとする方法です。絵を眺めたり、夢の一場面を思い浮かべたりしていると、そうしたイメージが自律的に自由に動き出します。そのイメージの中で主体的な行為を行うと、それに反応してイメージもま

発展編

■ 行動療法の歴史

　「行動療法」という用語の歴史は、スキナーとリンズレイ (Lindsley) がマサチューセッツ州立の「メトロポリタン州立病院・行動研究所」で行ったオペラント条件づけの技法を用いた「行動療法の研究報告書」が最初であったとされています。スキナーたちはその後、オペラント条件づけの原理に基づく行動療法をアイゼンクらの古典的条件づけの原理に立脚する行動療法と区別して表現するために、自分たちの技法を「行動変容 (学)」と呼ぶようになりました。そのため、行動療法は狭義には、オペラント条件づけの原理に基づくもののみを意味していました。しかし、現在では、多くの技法が開発され、組み合わされるようになったことにより、学習理論に基づく行動理論全般のことを意味しています。また、行動療法という用語はアイゼンクの著書「行動療法と神経症」が翻訳されたことから世界的に広まりました。

■ 認知行動療法の発展（世代別の分類）

　上述してきたように、CBT は行動療法と認知療法をベースにして発展してきた経緯がありますが、多くの場合は CBT とひとまとめにして呼ばれます。その歴史的な背景から、介入法を、「第一世代」、「第二世代」、「第三世代」と分類する考えもあります。

分類	年代	介入法
第一世代	1950年代	行動療法
第二世代	1970年代	認知療法、認知行動療法
第三世代	1990年代	弁証法的行動療法、アクセプタンス＆コミットメントセラピー、マインドフルネス認知療法など

第三世代の認知行動療法（主にマインドフルネスを主としたもの）

■マインドフルネスの起源と、その考え方

　第三世代とされる最新の認知（行動）療法として、マインドフルネス認知療法や弁証法的行動療法、アクセプタンス＆コミットメントセラピーなどがあります。マインドフルネスは「気づいていること」という意味で、**「いま、ここで」**の瞬間に意識を向けることを指します。従来の認知療法や認知行動療法のように「認知の修正」に重きを置かず、自動思考に執着せずに手放し、「いま、ここで」感じている身体感覚に注意を向けたり、思考や感情に距離を置いて接することを目指します。

　マインドフルネスとは、テーラワーダ仏教のヴィパッサナー瞑想を由来とし、宗教性を抜いたものを指します。

■マインドフルネスを元にする認知行動療法の特徴

マインドフルネスストレス低減法 （MBSR）	ジョン・カバット・ジンによって始められた、瞑想とヨガを科学・医療と結びつけたもの。ボディスキャンやヨガ瞑想、静坐瞑想法を1日45分間、8週間の中で習得していく。あるがままの自分の身体を受け入れ、身体感覚に意識をとどめることを行っていく。
マインドフルネス認知療法 （MBCT）	スィーガルらによって開発された認知療法。マインドフルネスストレス低減法を受け継ぐが、認知行動療法の要素が含まれ、うつ病の再発に関する脆弱性を理解し、「することdoing」モードと「あること being」モードの違いを区別することで、認知療法としての体裁を作りあげたもの。
弁証法的行動療法 （DBT）	リネハンによって、境界性パーソナリティ障害/感情調節障害に特化したものとして作られた。個人療法、スキルトレーニング・グループ、電話相談、ケース・コンサルテーション・ミーティングからなり、学習理論に基づいた行動療法的な流れの中でマインドフルネスのスキルの習得などを中心に行い、さまざまな形で援助が受けられるように、いくつものチャンネルが用意されている。
アクセプタンス＆ コミットメントセラピー （ACT）	マインドフルに物事を捉え、行動としてコミットメントを行い行動変容を促すところまで重視するもの。思い浮かんだ思考によってフュージョンの状態になっていることから抜け出し（脱フュージョン）、あるがままで受け入れられる（アクセプタンス）ように援助していく。

■その他の新しい認知/行動療法のいろいろ

その他、最新の認知（行動）療法として、メタ認知療法、スキーマ療法などがあります。また、最新の行動療法としては行動活性化療法があります。

メタ認知療法 （MCT）	ウェルズによる認知療法。注意、自己注目、メタ認知の認知心理学的研究に基づいて開発された認知療法的介入体系であり、自動思考は問題とは捉えず、心配、反芻、思考抑制などの思考プロセスがメタ認知的要因によって意識的に選択、実行されることを問題とする。
スキーマ療法	ヤングによる認知行動療法。認知の中でもより深いレベルにあるスキーマに焦点を当て、認知行動療法を中心に精神分析的アプローチも用いて介入する。スキーマ療法と弁証法的行動療法は、ともにパーソナリティ障害をはじめとする人格の問題にアプローチする最良の方法の一つといわれている。
行動活性化療法 （BA）	認知よりも行動に焦点を置き、比較的気分の良くなる行動や、うつ病などになる前は行っていたが、やめてしまった行動などを積極的に行うことで、改善できるように試みていく方法。

2-5 人間性心理学

難易度 ★★☆

● check

キーワード
・受容 ・共感 ・純粋性 ・エンカウンターグループ ・フォーカシング
・ゲシュタルト療法 ・交流分析

過去問題
④64 ⑦64 ⑧66,79 ⑨84 ⑩80 ⑪58,70 ⑫59 ⑭65,67,68,69
⑮69 ⑯79 ⑰93,96 ⑱62,70 ⑲2,63,79 ㉑61 63 ㉓53,68㉔78
㉕64 ㉖75 ㉗63,64 ㉘51 ㉙62 ❶75

　人間性回復運動の流れから生まれた人間性心理学に基づく心理療法は、それぞれ"人間性"と呼ばれる"人間らしさ"や「今、ここで」を重視しています。

◉ 人間性心理学の興り

　1960年代、戦争や反戦運動を通して、人間性回復運動と呼ばれる人間らしさを尊重する動きが起こりました。その中で、行動主義の「報酬と罰」という考え方があまりにも動物的ではないかという批判から人間性心理学は誕生します。

　人間性心理学では、「今、ここで（here and now）」行われる面接の中で、セラピストがクライエントに対して真摯な態度で傾聴すること、クライエントの成長力を信じることを重視しています。人間性心理学を重視する心理学者はたくさんいますが、最も有名な心理療法家がカール・ロジャーズ（Rogers,C.R.）です。

◉ ロジャーズの人間観

　人間は実現傾向（actualizing tendency）を備えた存在であり、セラピストが指示しなくても自己成長し、十分機能する人間（the fully functioning person）であるとロジャーズは考えました。不適応を起こしているクライエントは、自分自身をどのように感じているかという自己概念（self concept）が、体験したこと（experience/experiencing）とずれている（不一致の状態にある：incongruent）と考えます。これを自己理論（selftheory）といい、治療の中では、クライエントの体験と自己概念が一致するように話を丁寧に聴いて（傾聴して）いくことで自己理解が進み、適応へと向かっていくと考えました。

● ロジャーズの心理療法とその考え方

　ロジャーズは、臨床や研究を行う場所や対象とするクライエントが代わるごとに見方を変化させています。最初「指示的でない（non-directive）」ことを強調していましたが、「セラピストではなくクライエント中心のカウンセリング（clientcentered）である」ことを強調するようになりました。その後、ジェンドリン（Gendlin,E.T.）との共同研究において体験過程療法を取り入れます。しかし、技法を嫌うロジャーズはフォーカシングの追及は行わず、"クライエント"という狭い範囲だけではなく、"人間"という広い範囲へその概念を拡大し、エンカウンター・グループを中心とした紛争地域への世界平和活動へと広げました。

1940年代　　非指示的心理療法　ロジャーズ37歳　オハイオ州立大学教授
　　　　　　　　　　　　　↓
1950年代　　クライエント中心療法　ロジャーズ43歳　シカゴ大学教授
　　　　　　　　　　　　　↓
1960年代　　体験過程療法（ジェンドリンと共同研究）
　　　　　　　ロジャーズ55歳　ウィスコンシン大学教授
　　　　　　　　　　　　　↓
1960年代後半　エンカウンター・グループ、世界平和活動、パーソン・センタード・アプローチ
　　　　　　　ロジャーズ66歳　人間科学センター創立

・パーソン・センタード・アプローチ（Person-Centerd Approach）

　ロジャーズはセラピストの態度として、「今、ここで」の積極的な傾聴と、「（セラピストの）必要十分条件」と呼ばれる三条件を重視しました。このような態度をもってセラピストとクライエントの関係を作っていきます。クライエントは、その関係性の中で自分自身を探ることができ、それを通して経験と自己概念を一致させ、不適応状態から回復していくことができると考えています。

● セラピストの必要十分条件（necessary and sufficient conditions）

無条件の積極的関心［受容］ (unconditional positive regard, acceptance)	セラピストが「クライエントがよくなることは、私にとってメリットがあるから」などといった条件付きの関心ではなく、クライエントに対して条件なしで積極的に関心を向けること。
共感的理解［共感］ (empathic understanding, empathy)	クライエントの内的照合枠（物事や状況をどのように捉えているか）を正確に理解し、as if（あたかも［自分がクライエント自身である］かのような）態度で共に感じるよう努めること。
純粋性［自己一致］ (genuineness, congruence)	セラピストが自己の経験と自己概念とが一致している状態にあり、純粋に受容・共感をできる状態にいること。嘘偽りのないこと。

・ エンカウンター・グループ

　ロジャーズは、エンカウンター・グループと呼ばれる集中的グループ体験ができる方法を生み出しました。エンカウンター・グループでは、ファシリテーター（facilitator）と呼ばれる世話人をつけ、口論など不都合なことが起こりそうな時のみ場を調整する役割をとります。現在、従来のエンカウンター・グループはベーシック・エンカウンター・グループ（Basic Encounter Group,BEG）や非構成的エンカウンター・グループと呼ばれ、対して、ゲームを通してグループ体験を行うものを構成的エンカウンター・グループ（Structural EncounterGroup,SEG）と呼びます。

ベーシック・エンカウンター・グループ （非構成的エンカウンター・グループ）	特に話し合う内容などは決められず、話したい人が話し、話したくない人は話さなくてもよいという自由で守られたグループとして、個々人が尊重された雰囲気の中で自己成長が促されます。
構成的エンカウンター・グループ	エクササイズをいくつか決めて個々人を尊重した中で自由な雰囲気を重視して、メンバー同士の関係作りを行っていきます。

● 人間性心理学派の心理臨床家や考え

・ジェンドリンのフォーカシング

ジェンドリン（Gendlin,E.T.）は、ロジャーズの元共同研究者でフォーカシング（focusing）の創始者です。フェルトセンスに焦点を当て、体験過程に着目します。自己理論を踏襲しており、自己概念と照合しながら言葉で表現したり意味を捉えたりすることで、自己概念と体験を一致していくと考えられています。

フェルトセンス

言葉には表しにくい「今ここ」の身体感覚やイメージなどを指します。「感じられた意味」「照合体」などとも呼ばれます。

体験過程

身体感覚を感じる過程を指します。フェルトセンスが感じられている場合、それが変化したり動いていく過程のことで、意識の中に存在することはわかるが、まだはっきりとは概念化できない（がいずれされるかもしれない）ものとされます。

・パールズのゲシュタルト療法

医師であるパールズ（Perls,F.）は、ライヒの元で学び、ゲシュタルト療法（Gestalt therapy）を提唱します。「いま、ここで」はもちろん、関係の全体性も重視します。ゲシュタルトは「形」や「全体」、「統合」を表すドイツ語で、「いま、ここで」知覚される気づきを統合させて自己や外界への気づきを促します。

● ゲシュタルト療法の様々な技法

エンプティ・チェア［ホット・シート］ (empty chair, hot seat)	空（から）の椅子に、自分と葛藤関係のある他者や状況、もしくは自分自身を座らせるイメージをし、そのイメージとの対話を図るもの。
ボディワーク (body work)	イメージを使って自分が自らの身体であるかのような気持ちになり、身体を通しての気づきを得るもの。
夢のワーク (dream work)	夢の登場人物などに「いま、ここで」なっているイメージをし、その中で気づきを得るもの。

ファンタジー・トリップ (fantasy trip)	あらかじめ場面構成をしておいたファンタジーの物語の中で、誰か重要な人物に会うイメージをするもの。
実験 (experiment)	普段、現実世界でしないような行動や言動などを、実験的に行ってみることで気づきを促すもの。

● マズローの欲求階層理論

　マズロー (Maslow,A.H.) は、20世紀に最も影響を与えた心理学者100人に選ばれる実績の持ち主で、人間性心理学の理論は彼の提唱したものが基盤になっているため人間性心理学の父とも呼ばれています。最も有名な業績は**欲求階層理論 (need hierarchy theory)** で、人は自己実現に向かって成長をし続けると考え、下記の5段階からなるピラミッドによって人間の持つ欲求の段階について示しました。下位の欲求が満たされてはじめて上位の欲求が生じてくると考えました。

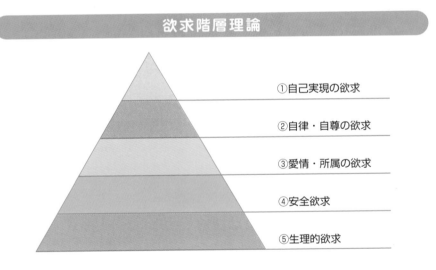

欲求階層理論

①自己実現の欲求
②自律・自尊の欲求
③愛情・所属の欲求
④安全欲求
⑤生理的欲求

● バーンの交流分析

　バーン (Berne,E.) は、交流分析 (Transactional Analysis,TA) を創始しました。「いま、ここで」を重視していることから人間性心理学に分類されています。交流分析では、コミュニケーションを交流 (ストローク: stroke) と呼んでおり、人はストロークによって自分の存在を認めてもらうことを望んでいると考えら

れています。交流分析には、構造分析、交流パターン分析、ゲーム分析、脚本分析があります。

• 構造分析

自我状態は**自我構造**と呼ばれる5つの部分で構成されていると考え、そのバランスの分析を行うものです。自我構造は、親の部分（P:Parent）、大人の部分（A:adult）、こどもの部分（C:Child）の3つがあり、さらにPは厳しい父親（CP:Critical Parent）と養育的な母親（NP:Nurturing Parent）に、Cは自由なこども（FC:FreeChild）と順応したこども（AC:Adapted Child）に分かれます。5つの自我構造を測る心理検査が、デュセイ（Dusay,J.）のエゴグラム、日本での**東大式エゴグラムⅡ（TEGⅡ）**です。

• 交流パターン分析（transactional analysis）

構造分析を用いてコミュニケーションパターンの分析を行うものを交流パターン分析と呼びます。コミュニケーションを**トランザクション（transaction）**といい、自分のどの自我状態から相手のどの自我状態にはたらきかけたトランザクションかを分析します。パターンは、互いの方向性から相補・交差・裏面の3種類に分けられます。

• ゲーム分析（game analysis）

"ゲーム"と呼ばれる習慣化しているコミュニケーションのパターンを分析するものがゲーム分析です。ゲームとは、トランザクションの中でも、特に不快感を伴うものや非生産的な行動をとってしまうものです。心理面接の中では、ゲームを分析して気づき、やめるような訓練を行います。

• 脚本分析（script analysis）

自分で決めている人生脚本を分析することを脚本分析といいます。人生脚本とは、幼少期におこった出来事や親からの関わりで形成されるもので、非合理的な認知や態度を伴います。それを分析して書き換えていくことで新たな行動を選択し、現在起きている問題を変化させることができると考えられています。

発展編

　ロジャーズの理論は、奥深く深淵なものです。ここでは、もう少しロジャーズやその他の心理療法、考え方について紹介します。

■ ロジャーズの人間観・治療論

　行動主義・精神分析主義に異を唱えたロジャーズは、独自の人間観を考案しました。意識的な自分についての観念を「自己概念」と呼び、自分の身体が感覚的に体験した事実を「経験」と呼んでいます。セラピスト、クライエントそれぞれが自己概念と経験が一致していることを重要視し、カウンセリングに必要なのは態度と関係性と考えました。

■ パーソナリティ変化の必要にして十分な条件

　「パーソナリティ変化の必要にして十分な条件」には、次の6条件があります。

条件	説明
①2人の人間が心理的な接触を持っていること	セラピストとクライエントの間に気持ちの交流が生まれる関係性
②第1の人（クライエント）は不一致の状態にあり、傷つきやすい不安の状態にあること	クライエントの状態を指します。クライエントは、体験と自己概念が一致していない状態
③第2の人（セラピスト）は、この関係の中で一致しており統合されていること	セラピストの3条件の一つ、純粋性（自己一致）。セラピスト自身が経験と自己概念が一致している状態にあり、純粋に受容・共感をできる状態。
④セラピストは無条件の肯定的関心をもっていることを体験していること	セラピストの3条件の2つ目、無条件の肯定的配慮（受容）。条件付きの配慮ではなく、条件なしで肯定的な関心を向けること
⑤セラピストはクライエントの内的照合枠を共感的に理解しており体験をクライエントに伝えるよう努めること	セラピストの3条件の3つ目、共感的理解（共感）。クライエントの内的照合枠を正確に理解し、as if（あたかも［自分がクライエント自身である］かのような）態度で共に感じるよう努めること。
⑥セラピストの体験（共感的理解、無条件の肯定的関心）をクライエントに伝達するということが、達成されること	クライエントが、セラピストの態度をどのように感じているか。④や⑤がクライエントに知覚されている必要があるということ

■フォーカシングの手法

「問題について考えると、肩のあたりがこわばって固い感覚がある」という場合、その身体感覚（フェルトセンス）に注意深く焦点を当て、それを言葉で置き換えるとしたらどんな言葉で表すことができるか（ハンドル）を探ります。その表現がフェルトセンスに合っているかを身体感覚と照合し、合わない感覚があれば別の表現を探します。このような作業を繰り返すことによりフェルトセンスがさらに変化していきます。このように、感覚が変化していく過程を体験過程といい、この作業を繰り返す事で、ある時突然感覚の大きな変化（フェルトシフト）を感じることもできます。

■マズローの欲求階層説

マズローは晩年、5階層の上にさらなる高次層があることを唱え、「自己超越」層と呼びました。これは、他者や所属する団体の利益のためにという利他的な方向へと変化していることが大きな特徴といえます。

■その他の人間性心理学的心理療法

アイヴィ（Ivey,A.E.）のマイクロカウンセリング（Micro counseling）

マイクロカウンセリングは、カウンセリングのトレーニングを行うために体系化された、来談者中心療法をもとにする方法です。心理教育や日常的なコミュニケーションにも有用とされています。

ナタリー・ロジャーズ（Rogers.N）の表現アートセラピー（Expressive art therapy）

ロジャーズの娘ナタリー・ロジャーズは、**表現アートセラピー**と呼ばれる様々な表現を通して得られる主体的な体験・気付きを重視した心理療法を創始しました。表現とは、絵画や造形、踊り、音楽、劇などあらゆる表現を媒体として使われます。

2-6 家族療法

キーワード	・二重拘束仮説 ・家族療法 ・解決志向アプローチ ・ナラティヴ・アプローチ
過去問題	④62 ⑤85 ⑥62 ⑦59 ⑧85 ⑨88 ⑩73 ⑪68 ⑫62,90 ⑭85 ⑮67 ⑯56,80 ⑰61,70 ⑳71,73 ㉑74,75,76 73,74,75 ㉔76,77 ㉕60 ㉗78 ㉙1,76 ❶78 ❷59,60,61

　家族療法は、心理療法の中でもあまり心理療法らしくない領域で、面接室の中に複数人が入る面接が始まるきっかけとなりました。ここでは狭義の家族療法のほか、広義の家族療法（ブリーフセラピー、ナラティヴ・アプローチなど）についても説明します。

家族療法の誕生から歴史

◉ 家族療法の誕生

　家族療法（Family Therapy）は、個人やその家族が抱える様々な「問題（とされているもの）」を、家族という文脈において捉え、コミュニケーションの相互作用に注目することから問題解決に導こうとする心理療法のことです。

> 家族療法は、個人に対してもコミュニケーションの相互作用に注目するという視点からアプローチを行うことができます。
> 家族全員が面接に出席しなければならないと考えられることがありますが、それは家族療法に対するよくある誤解です。

◉ 家族療法の歴史

1950年代家族に関する実証研究が数多く行われる。

1956年グレゴリー・ベイトソン（Gregory Bateson）が「分裂病（統合失調症）の家族間コミュニケーション」に関する論文を発表。

1959年ジャクソン（Jackson,D.D.）らによって、カリフォルニアのパロアルトにMRI（Mental Research Institute）が創設される。

　これとは別に、元々精神分析を行っていた**アッカーマン（Ackerman,N.W.）**は、精神分析では禁忌とされている母子同席面接を行ったことから、家族療法の

端緒を築きました。

> 言語的コミュニケーションと非言語的コミュニケーションとが逆の意味を持つ場合、その混乱が分裂病を形成するという**二重拘束仮説**（ダブルバインド仮説 theory of double bind）が提唱されました。

● ミルトン・エリクソンとグレゴリー・ベイトソン

　20世紀最大の催眠療法家と言われる**ミルトン・エリクソン**（Milton H Erickson）が「家族療法の母（エリクソンは男性ですが）」、MRIの**グレゴリー・ベイトソン**（Bateson,G.）が「家族療法の父」と呼ばれています。エリクソンは、催眠を使わずとも、短期での解決を得意とする天才的な心理療法家だったため、興味を持つ人達が数多くいました。彼はMRIの研究対象となり、様々な形でエリクソンの臨床はまとめられました。その一つがコミュニケーション派家族療法であり、さらに戦略派家族療法や解決志向アプローチ、NLPなども影響を受けています。

・1960年代〜1970年代
　複数のマスターセラピストの実践から、家族療法の流派が立ち上がりました。

コミュニケーション派家族療法（MRI派家族療法）	ジャクソン、サティアら
精神力動的家族療法	アッカーマン
構造派家族療法	ミニューチン
戦略派家族療法	ヘイリー、マダネス
多世代派家族療法	ボーエン
ミラノ派家族療法（システミック・アプローチ）	パラツォーリらなど。

家族療法の理論

◉ 家族療法の認識論（ものの見方）

家族療法の認識論としては、以下のものが挙げられます。

◉ 円環的認識論

従来の心理療法では、"問題の「原因」を究明することで、問題は「解決」する"という直線的な因果関係、**「直線的因果律」**が想定されていました。それに対して家族療法では"「原因」は「結果」に対して影響を及ぼすが、それはさらに別の「原因」にもなっている"という**「円環的因果律」**の視点で現象を捉えます。円環的視点によって、家族療法では出来事を相互作用として理解し、家族や個人の関係性に着目していきます。

円環的因果律とは、左の図のように、互いのコミュニケーションが相手のコミュニケーションを束縛し合い、悪循環することなどをいいます。

◉ システム理論

システム理論（systems theory）とは、生物学者のフォン・ベルタランフィー（von Bertalanffy,L.）の**一般システム理論**をもとにし、家族療法で最も重要な理論の一つです。すべての人間は相互作用関係にある諸要素の複合体（システム）の一部であるとします。

大小のシステム

最小のシステムは、「セラピストークライエントシステム」などの2名からなる対人関係の相互作用であり、例えば家族システムには、「夫婦システム」「親子システム」「兄弟姉妹システム」などが包含されている。

IP（患者とみなされている者）

家族療法では、不登校の子どもなど「問題とされている人」のことを「患者とみなされている者」という意味でIP（Identified Patient）と呼ぶ。ちなみに依頼者が母親だった場合は、他の心理療法と同じく母親のことをクライエントと呼ぶ。

◉ コミュニケーション理論

　コミュニケーション理論（communication theory）とは、MRIの重要な概念の一つで、コミュニケーションは、以下の5つの公理によって成り立つとされるものです。

公理1：人はコミュニケーションをしないことは不可能である。
公理2：コミュニケーションには情報と情報に関する情報の2つのレベルがある。
公理3：人間関係は、人間間のコミュニケーションの連鎖のパンクチュエーション（句読点）によって規定される。
公理4：コミュニケーションにはデジタルとアナログのモードがある。
公理5：すべてのコミュニケーションは「相称的」または「相補的」のいずれかである。

公理1：「無視する」など、人が何もしなくても相手はその「無視」に対して反応する（無視し返すのも1つの反応）。
公理2：発言や行動は、コンテンツ（内容）とそれをどういう立場、シチュエーションで言う/行うか（文脈）によって意味合いが異なってくる。
公理3：円環的なコミュニケーションの連鎖の中で、どこを原因、結果にすると決めるかによって意味合いが異なってくる。
公理4：コミュニケーションは、発言・行動内容のほか、その発言の仕方（表情や態度など）によって意味合いが異なってくる。
公理5：コミュニケーションには、かつての米ソの軍拡競争のようにエスカレートし合う関係（相称的）と、「話す側と聞く側」などの互いを補い合う（相補的）とがある。

◉ チーム・アプローチ

　MRIでは、特殊な面接構造が用いられたアプローチが行われました。そこで使

われた三種の神器と呼ばれるものが、**ワンウェイミラー・インターホン・VTR** の3つです。面接室の隣にある部屋には、複数のセラピストからなるチームが控えており、その間はマジックミラーで仕切られています。面接室でのセラピストークライエントのやりとりを見ているチームに対し、セラピストは面接での行き詰まりを感じた時に相談できる構造になっています。

● 家族療法で用いられる技法など

ジェノグラム（家族関係図；genogram）

クライエントに関する家系図を、男性を四角（□）、女性を丸（○）にするなどのルールのもと描いたもの。多世代派家族療法で用いられる。

ジョイニング（joining）

「父親をたてる」「母親が窓口になる」など、家族の持つ文化や慣習、またクライエントの持つ話し方や関係の作り方の特徴などをセラピストが学び、それを関係づくりに活かしていく方法。構造派家族療法で用いられる。

エナクトメント（実演化；enactment）

「ランチセッション」が有名。家庭で行っているいつものコミュニケーションを面接室で実演してもらい、コミュニケーションの悪循環をセラピストの前で明らかにする方法。構造派家族療法で用いられる。

リフレーミング（再枠付け法；reframing）

これまでラベリングされていた行動や症状などを、別の言葉で言い換えることなどで、家族内の相互作用に変化を及ぼす方法。単なるポジティヴシンキングではなく、社会構成主義的に現実を捉えるセラピストが、クライエントとは別の側面から物事をフレーミングし直すこと。戦略派家族療法で用いられる。

児童中心療法の8原則
①温かい友好的な関係を築くこと
②子どもをありのままに受容すること
③受容的な感情でいること
④子どもの感情を敏感に察知し、それを反映すること
⑤子どもの選択と責任を尊重すること
⑥非指示的でいること
⑦子どものペースで進行すること
⑧必要な制限を設けること

◉ 箱庭療法とは

箱庭療法は砂の入った木箱にミニチュアなどを置いて表現を行う方法です。治療者との関係性の枠に守られて十分な自己表現をすることがカタルシス効果になります。治療者は解釈仮説を持ちながら、クライエントが制作する作品を鑑賞するように受容的態度で見守り、空間象徴理論(spacesymbolism)によって解釈されることもあります。現在は成人の心身症やパーソナリティ障害、統合失調症に用いられることもありますが、やや侵襲性の高い方法でもあります。

侵襲性

身体・精神の内部に侵入する程度を表すこと。心理臨床でこの言葉が使われる際には、個人の精神内界に侵入する程度のこと。個人の精神内界の深い領域を侵すような関わり、心理療法、心理検査などのことを「侵襲性が高い」という。

◉ 箱庭療法の歴史

箱庭療法はローウェンフェルト(Lowenfeld,M.)が行っていた**世界技法**(World Technique)から始まり、カルフ(Kalff,D.M.)がユング心理学と結びつけて、**箱庭療法(独:Sandspiel Therapie, 英:Sandplay therapy)**を確立しました。世界技法では、子どもたちは準備されたミニチュアを使って、箱の中に自分の世界を表現していました。カルフのもとでSandplay therapyを体験した河合隼雄が、箱庭療法と訳して日本に紹介し広まりました。

箱庭

◉ 箱庭療法の注意点

箱庭療法は、遊具の持つ治療的性質に助けられて展開します。たとえば砂は適度の治療的退行を促す治療的素材ですが、その手触りが喚起させる感情から、自我の病理が重い場合には内的なバランスを崩したり、崩壊感をもたらしたりする可能性もあるということに、セラピストは注意しなければなりません。

◉ 箱庭療法の展開

箱庭における作品は、クライエントとセラピストの関係を基に、クライエントの自己治癒力が高まるにつれて様々な変化を遂げていきます。ノイマン（Neumann,E.）の考えに従い、カルフ（Kalff,D.M.）が箱庭療法の表現の段階として見出しました。このような全体性へのプロセスは一回で終結するものではなく、心の成長発達として何度も繰り返されるといわれています。

動物的植物的段階	本能的で無意識的なもののイメージ化
闘争の段階	対立やぶつかり合いを、戦いや動きとしてイメージ化
集団への適応の段階	成長や安定を、穏やかな秩序ある世界としてイメージ化

◉ 治療的退行

　箱庭療法などの心理療法では治療的退行（therapeutic regression）が重視され、治療においてセラピストに抱えられることによって起こるとされています。病的な退行に比べると部分的な退行であり、守られた治療構造により可能になるといわれています。また、カルフは、成長や心理的治癒には、セラピストの心理的な守りと砂箱の枠などの物理的な守りによって、母と子の一体性が感じられる状況が再現され、その中でクライエントの自己治癒力が働く、と考えました。

◉ その他の子どもへのアプローチ

スクイグル （squiggle）	ウィニコットが用いていた技法。クライエントとセラピストが交互に描線を描きあう技法。
スクリブル （scribble）	なぐり描き法ともいい、ナウムブルグ（Naumburg,M.）によって開発された。クライエントに自由な描線を描いてもらって、何に見えるかを聞いていくことでイメージを投影させていく技法。精神分析理論に基づいている。
相互スクリブル （Mutual Scribble Story Making）	山中康裕によって開発された。1枚の紙を6〜8コマに区切り、各コマに相互になぐり描きをする。そしてそのすべての絵を使って話を作っていく技法。

発展編

■ 箱庭療法や描画検査における空間象徴理論

　箱庭療法やバウムテスト、風景構成法などの描画検査では、グリュンワルド（Grünwald）による空間象徴理論と呼ばれる考え方がよく用いられます。空間象徴理論では、箱庭を作った際や描画を行った際に、クライエント（被験者）から見て、どの位置に何をどのように描いたかによって、クライエント（被験者）の内面を見立てることができると考えられています。つまり、空間による象徴的意味を見立てた理論のことを空間象徴理論と呼びます。空間象徴理論では、クライエント（被験者）から見て左側を、「内向・母性・空想・停滞・過去・防衛・非社会的・暗」と捉え、右側を「外向・父性・現実的・発展・未来・攻撃的・社会的・明」と捉えます。

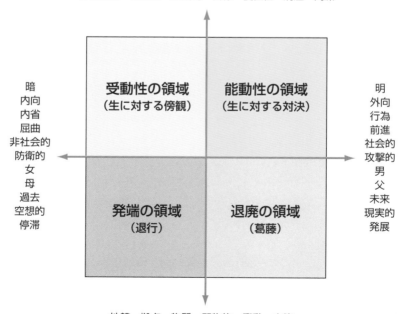

Grünwaldの空間象徴図式

意識・精神・魂・理性的・解脱・昇華・
非実際的・抽象的・理論的・目標・優位性・清澄・高潔

| 暗
内向
内省
屈曲
非社会的
防衛的
女
母
過去
空想的
停滞 | 受動性の領域
（生に対する傍観） | 能動性の領域
（生に対する対決） | 明
外向
行為
前進
社会的
攻撃的
男
父
未来
現実的
発展 |
| | 発端の領域
（退行） | 退廃の領域
（葛藤） | |

地盤・拠点・物質・即物的・衝動・本能・
下意識・無意識・集合的無意識

2-8 心理教育と集団に対するアプローチ

難易度 ★ ☆ ☆

check

キーワード	・心理教育 ・SST ・エンカウンター ・グループ ・心理劇
過去問題	④58 ⑤67 ⑥62 ⑦81 ⑧69 ⑨95 ⑪73 ⑮62 ⑯80,97,98, 99,100 ⑱72 ㉖59 ❶77

　集団に対するアプローチは、適用範囲が広く、1対1のカウンセリングにはない集団内の力動が働くことによって、クライエントの変化を促すものです。

◉ 心理教育とは

　心理教育（psychoeducation）とは、クライエントやその家族に心理学的知識を教育することで、自分が自分の治療者としての役割を担えるように指導することをいいます。

　心理教育は、クライエントやその家族に対して、症状の理解や適切な対処技能の習得などの心理学的な知識をセラピストが教え、心理療法と教育が統合された方法で、クライエントの自己管理能力を高めることを目的としています。カウンセリングの中で行われたり、集団のグループワークとして行われたりします。

◉ 集団に対するアプローチ

　集団へのアプローチは、様々な方法が普及してきています。これらは、個人が集まって集団を形成するときに現れる集団の特性を道具としており、集団特有の力動性が治療的に働くことを目的としています。

◉ さまざまな集団に対するアプローチ

　集団に対するアプローチは、実施される場所、対象者や目的によって、内容が対象者に合ったものになるように行われます。

　認知行動療法の理論を用いて集団で行うSST（社会技能訓練；Social Skills Training）、行動療法から生まれ自分も相手も大切にしながら言語表現を行うアサーショントレーニング（自己主張訓練；assertiontraining）、ロジャースが開発した集中的グループのエンカウンター・グループ（encounter group）、同じ

悩みを持つ当事者で構成される**ピアカウンセリング**（peer counseling）、当事者だけでなく家族なども含めてお互いに支え合う**自助グループ**（self-help group）、アメリカのアルコホーリクス・アノニマス（Alcoholics Anonymous, AA）を参考に生まれた**断酒会**、演劇の技法を用いた**心理劇**（psycho drama）などがあり、それぞれ異なる方法、目的を持って実施されています。

アサーショントレーニング

3つのタイプの自己表現の特徴一覧

非主張的	攻撃的	アサーティブ
自分よりも他人を優先し、自分のことは後回し	自分のことだけを考えて、他人のことなどお構いなし	自分のことをまず考えるが他者への配慮も忘れない
引っ込み思案	強がり	正直
卑屈	尊大	率直
消極的	無頓着	積極的
自己否定的	他者否定的	自他尊重
依存的	操作的	自発的
他人本位	自分本位	自他調和
相手任せ	相手に指示	自他協力
相手の承認で決める	自分の命令に従わせる	自己選択で決める
服従的	支配的	歩み寄り
黙る	一方的に主張する	柔軟に対応する
弁解がましい	責任転嫁	自己責任で行動
「私はOKでない、あなたはOK」	「私はOK、あなたはOKでない」	「私もOK、あなたもOK」

発展編

集団に対するアプローチは個人療法とは異なる意義が認められていますが、集団内の力動は治療的に働くこともマイナスに働くこともあるため、実施する際には注意深く目を配る必要があります。セラピストはこれらの点に注意して効果的に用い、クライエントの心理的成長を支援します。

一度に多くの個人にアプローチするという効率性を元々の目的とはしていませんが、同時に複数のクライエントにアプローチすることができる経済性は、実施する側にとってもクライエントにとっても有用であると言えます。

■ SST、アサーショントレーニング

SSTやアサーショントレーニングは、ロールプレイなどを用いて、生活の中で有用な技能を習得することを目的としています。昨今、方法が幅広く知られるようになり、様々な場所で実施されるようになりました。

■ エンカウンター・グループ

エンカウンター・グループは、ロジャーズ (Rogers,C.R.) の理論の実践にもとづく集中的グループ体験の一つであり、ファシリテーターと参加者が非日常の安全な場で関わることによって気づきを得て、各個人が人間的成長を促進します。7〜20人程度の参加者とファシリテーターから構成され、数日間の合宿形態を取る場合が多くあります。エンカウンター・グループには、**非構成的グループ・エンカウンター (Non-StructuralGroup Encounter) /ベーシック・エンカウンター・グループ (Basic EncounterGroup, BEG)** と、**構成的エンカウンター・グループ** (Structural EncounterGroup,SEG) があります。

非構成的 (ベーシック) エンカウンター・グループでは、課題などは与えられず、参加者は安全な場で自由に話したいことを話していきます。構成的エンカウンター・グループでは、エクササイズと呼ばれる活動を通じて、参加者同士が関わりを深めていきます。ファシリテーターはリーダーの役割は取らず、あくまでその場が安全であるように、誰かが傷ついたりしないようになど、最低限の役割をとります。

ピアカウンセリング、自助グループや断酒会は、それぞれ特定の目的や類似性を持った当事者やその家族が集まり、構成されています。

　精神科医のモレノは、劇という場で感情の表現や非日常的な役割を演じることで気づきを得ることを目指す心理劇を創始しました。演技することにより感情を表現することができたり、日常とは違う役割を演じることにより、新しい経験をすることができると言われています。

集団に対するアプローチの種類

SST （社会技能訓練：Social Skills Training）	社会的学習理論に基づいて、グループ内でモデリングや練習、正のフィードバックを行い、社会的技能を学習する。生活技能やQOLを高めることを目的としている。
アサーション・トレーニング（自己主張訓練：assertion training）	自分も相手も大切にする自己表現（アサーション）、対人関係の持ち方を訓練する技法。ロールプレイやフィードバックを通して学んでいく。
エンカウンター・グループ（encounter group）	ロジャーズの理論の実践にもとづく集中的グループ体験。数日間の合宿を行う場合が多い。ファシリテーターは、参加者がその時に感じたことを大切にするように促し、基本的に介入は行わないとされる。
ピアカウンセリング（peer counseling）	年齢や経験、問題など何かに類似性を持つ人などの仲間同士でのカウンセリング。
自助グループ（self-help group）	共通の問題を抱えた人々が、問題の解決という目的を持って集まったグループ。相互援助的で、ともに心理的成長をはかる。摂食障害や依存症の自助グループなどがある。
断酒会	アルコール依存症者の体験発表と酒害相談活動による、断酒のための自助グループ。
心理劇（psychodrama）	モレノが創始した即興劇の形式を用いた集団心理療法。演者、監督、補助自我、観客、舞台の5要素で構成され、ウォーミングアップ、ドラマ、シェアリングの手順で進められる。
マインドフルネス認知療法・マインドフルネスストレス低減法	第3世代の認知行動療法といわれるマインドフルネス認知療法や、マインドフルネスストレス低減法は、集団で行われることが多い。

2-9 その他の心理療法

難易度 ★★★

- check

キーワード	・催眠療法・自律訓練法・芸術療法・森田療法・内観療法・臨床動作法
過去問題	⑤61 ⑦74 ⑩83 ⑫74 ⑬90 ⑭83,84 ⑮66 ⑰20,78 ⑲19,74 ㉑59 ㉒58,61 ㉓75,76 ㉖59 ㉙66 ❶51,73

　ここまで説明してきた心理療法のほかに、フロイトの前より行われてきている催眠療法や芸術療法、日本で生まれてきた心理療法などについて、説明していきます。

● 催眠療法（Hypnotherapy）

　フロイトは精神分析を考案する前に、ヒステリー研究の大家であるシャルコー（Charcot,J.M.）のもとで催眠療法を学んでいました。催眠療法は、メスメル（Mesmel,F.A.）の動物磁器説を起源とします。その治療過程は、心身のリラクセーションと暗示によって、クライエントをトランス状態に誘い、治療暗示によって症状除去、カタルシス効果や自己治癒を促します（「古典催眠」と呼びます）。これに対し、ミルトン・エリクソン（Erickson,Milton.H.）が行っていた催眠技法を「エリクソン催眠」と呼び、「古典催眠」との大きな違いは、トランス状態に誘導するための誘導段階を自然な会話の中で行うところです。エリクソン催眠では、普段のコミュニケーションの中で、クライエントのリソース（資源）や間接暗示を利用し、催眠状態に誘導します。エリクソンの影響を受けた弟子や協働研究者たちは、それぞれ独自の治療技法を構築し、後に家族療法やブリーフセラピー（短期療法）などを発展させています。

● 自律訓練法（Autogenic Training）

　自律訓練法は、シュルツ（Shultz,J.H.）によって考案、ルーテ（Luthe,W.）らによって発展させられた、催眠状態の内的感覚変化を基にしたセルフコントロール技法です。元々は、心身症や神経症の治療法に用いられていましたが、現在では、心身の調整や自律

自律訓練法の禁忌

心筋梗塞、不整脈、緑内障、糖尿病、不安症状を伴ううつ病、解離症状

神経系の安定を図る、行動療法の一技法として分類されています。自律訓練法には、標準練習（7段階からの練習から構成）のほか、特殊訓練、黙想訓練などの上級訓練があります。

● 漸進的筋弛緩法

　自律訓練法に似た技法として、ジェイコブソン（Jacobson,E.）の漸進的筋弛緩法（progressive relaxation）、ベンソン（Benson,H.）の弛緩法などがあります。ジェイコブソンは、体は筋肉を緊張させることで心配事に応答するため、筋肉が緊張すると不安も増加するというサイクルを作り出していると考えました。そのため、漸進的筋弛緩法では、筋肉の緊張と弛緩を繰り返し行うことにより身体をリラックスさせることを目的とします。具体的には、筋肉を緊張させた状態をしばらく維持し、一気に力を抜いて筋肉を弛緩の状態にすることで、筋緊張をほぐします。

　ベンソンは、瞑想中にある人が酸素消費量、血圧、心拍数などが著しく低下して生理学的に不快リラクセーション状態にあることを見出しました。そして、より簡単に瞑想時と同様のリラクセーション状態になる弛緩法を考案しました。

● 芸術療法（Art therapy）

　芸術療法とは、芸術作品を創造する活動を通じて、心身の健康を回復することを目的とした心理療法のことです。クライエントはさまざまな芸術を鑑賞したり、あるいは自ら造り出すことによって、つらい体験や傷ついて無意識に抑圧していた事柄が解放されて、自己への気づきや心身のリハビリテーションとしての効果などを得ることができます。特に言葉でコミュニケーションをとることが苦手なクライエントに対して、芸術療法は有効な治療手段となっています。また、不登校や家庭内暴力を起こしている児童などにも芸術療法が同様の効果をあげています。しかし、構造化の程度が低い技法ほど侵襲性が高くなるため、統合失調症など、退行しやすいクライエントには枠組みを守るように注意をしておく必要があります。

● 日本の心理療法

　マインドフルネス心理療法は、その理論に東洋思想が取り入れられており、ヨガ、瞑想などを技法として用いています。このようにアジアから生まれた思想が

■ ブリーフサイコセラピー

　ブリーフサイコセラピーとは、比較的短期間で効果が出るといわれている心理療法の総称です。ブリーフサイコセラピーには、上記で紹介したEMDRやTFTも含まれます。

　「家族療法」の項で説明した、家族療法（Family therapy）はアメリカではClinical Psychologistだけではなく、ソーシャルワーカーにも重宝されており、アメリカでは州資格であるLicensed Marriage and Family Therapist（LMFT）によって用いられるなど活躍しています。

　コーチングの基礎となった解決志向アプローチ（Solution Focused Approach：SFA）をはじめとするブリーフセラピー（Brief Therapy：BT）は、認知行動療法と並んでアメリカの保険制度に対応した形で短期解決を目指せるため、アメリカでは隆盛しています。また、「精神分析的心理療法」の項で説明したクラーマン（Klerman,G.L.）らによる対人関係療法（Interpersonal PsychoTherapy：IPT）も、アメリカでは多く行われており、比較的新しく有効な心理療法に含まれますが、まだまだ日本ではどれも行う臨床心理士が少ないのが実情です。

■ NLP（神経言語プログラミング）

　グリンダー（Grinder,J.）やバンドラー（Bandler,R.）が、ゲシュタルト療法のパールズ、家族療法のサティア、催眠療法のミルトン・エリクソンの方法を研究し完成させたNLP（Neuro-Linguistic Programming：神経言語プログラミング）は、臨床心理士・公認心理師の中ではあまり馴染みがないものの、ビジネスの分野などで広がりを見せています。

第3章

心理査定

3-1 心理査定

　心理査定の目的は、観察、カウンセリング、心理検査（心理テスト）を通じてクライエントの援助方針を立てるための基礎的な資料を得ることにあります。

◉ 心理査定（アセスメント）とは？

　臨床心理士・公認心理師の行う心理査定（心理アセスメント）とは、クライエントの問題や性格、置かれている状況について、理解し、解釈を行い、仮説を立てるプロセスです。このようなクライエントに対する理解・解釈・仮説生成のことを「見立て」とも呼び、この「見立て」に基づいて支援方針を考えていきます。

　「診断（diagnosis）」ではなく「査定（assessment）」と表記される理由は、「診断」がある基準に基づいて特徴を把握するのに対して、「査定」は独自性・個別性のある特徴や問題、肯定的な側面を含めて総合的に把握します。

◉ 心理検査法

　心理査定は、観察法（observational method）、面接法（interview method）、心理検査法（psychological testing）の大きく3つに分けられます。ここでは心理検査法を詳しく解説していきます（観察法と面接法に関しては、4-4以降を参照）。

　心理検査法とは、一定の実施手順と分析方法に基づいてクライエントの精神状態や性格・能力を客観的に測定することをいいます。性格検査と能力検査に大きく分類されます。

● 心理検査の歴史

　1905年に義務教育制度の整備のために精神遅滞児を鑑別することを目的としてビネー（Binet,A.）により**ビネー・シモン式知能検査**がフランスで作成されました。心理検査・知能検査のさきがけとなります。

　その後、第一次世界大戦の頃に兵士の能力を測るため陸軍 α 式／β 式知能検査がアメリカで作成されました。言語を使う α 式と、図形や記号などの非言語的な問いがある β 式とで構成されています。移民などの英語を話さない人にも実施できることが目的の一つでした。この検査をきっかけにスクリーニングテストや質問紙法検査が発展していきます。

　また、1921年にはスイスの**ロールシャッハ**（Rorschach,H.）によって、投影法の一種である**ロールシャッハ・テスト**が作成されました。以降、さまざまな投影法の検査が考案されていきました。

　そして、1980年に信頼性を重視する診断基準であるDSM-Ⅲが発表されてからは、心理検査もより精密化が図られていくようになりました。

● 心理検査の専門性

　臨床心理士・公認心理師が心理査定（心理検査）を行う場合は、以下の3点が定められています。

①十分に裏付けのある標準的施行により行うこと
②結果や内容がクライエントやそれ以外の人に誤用・悪用されないように細心の注意を払うこと
③心理検査に用いられる用具や解説書は専門的技能を有しない者が入手・実施しないよう留意し、みだりに開示しないようにすること

　また、検査実施の際は、何のために心理検査を行うのか、どの検査を用いるのか、結果をどのようにフィードバックするのかを明確にします。できる限り効率よく、クライエントに不必要な負担をかけないような工夫が必要とされます。

発展編

　心理査定（アセスメント）は臨床心理士・公認心理師の業務の一つであり、援助活動のために欠かせないものです。個人と個人を取り巻く環境も含めた包括的な観点が必要です。

■初回面接

　心理アセスメントは初めに一度のみ行うものではなく、クライエントに出会う前から治療終結時まで、必要に応じて、適宜行います。一方、初回面接（インテーク面接）で行うアセスメントは、クライエントを適切に理解し、クライエントに応じた**治療（支援）計画**を立てるために行われる重要なものです。

　初回面接では、主訴、現病歴、生育歴、生活状況、健康状態、通院先などの関係機関の有無、趣味などを尋ねていきます。その際、服装や表情、声のトーンや全体的な雰囲気なども観察します。また、症状に合わせた簡易な質問紙法検査を行う場合もあります。

　面接では受容的で話しやすい雰囲気づくりに努め、あくまでもアセスメントに必要な情報を収集します。事細かに詮索をし、クライエントを傷つけることがあってはなりません。この面接で得た情報や心理検査を行った場合はその結果を総合してアセスメントを行い、適切な治療計画を考えていきます。

■関与しながらの観察と観察者バイアス

　面接場面において治療者がクライエントを観察する際、その観察対象であるクライエントは常に治療者の存在に影響を受けているということを、精神科医であるサリヴァン（Sullivan,H.S.）は**関与しながらの観察**と呼びました。面接や検査場面に限らず、私たち援助者はクライエントに関わる際に、常に自身からの影響があることを自覚しておき、その影響を考慮してクライエントの様子を観察する必要があります。

　また、ある人物の特徴に対する評価をその人物の全体的評価にまで広げてしまう光背効果（ハロー効果）や、ある人物への評価を、他の対比させる人物と同時に見ることによって引き立ててしまう対比効果などの観察者バイアスを生じさせないようにしなければなりません。

■ 法則定立と個性記述

　心理査定・心理学的研究のアプローチとして法則定立的アプローチと個性記述的アプローチが提唱されています。法則定立的アプローチは普遍的かつ集団的な数量データからアプローチしていくのに対し、個性記述的アプローチは対象そのものの固有性や物語の変遷からアプローチしていきます。**法則定位的**に偏り過ぎると奥深い人間像は描き出せませんし、個性記述的に偏り過ぎると、現実・社会に位置付けられた人間像が描き出せません。どちらのアプローチも意識しながら査定・研究を進めていくことが大切です。

■ 心理査定の倫理

　検査や治療の際、医療従事者や対人援助職はクライエントに十分な説明を行い、同意を得る過程が必要となります。このことをインフォームド・コンセントといいます。

　検査・治療を受ける目的、その結果で何が分かるのかを説明し（知る権利の保障）、その結果をクライエントや関係者に伝えなくてはなりません（伝える義務の遂行）。そして、その検査・治療を受けるか受けないかはクライエント自身が決めることが出来ます（自己決定権）。

　このインフォームド・コンセントも含めて臨床心理士・公認心理師には、社会や個人に対して、どのような検査・心理療法を用いているのか、それにはどのような効果があるのか、また、どのような倫理的責任を負っているのかなど、臨床心理士・公認心理師としてさまざまな業務についてのアカウンタビリティ（説明責任）が求められています。

3-2 質問紙法の心理検査

心理検査には、性格検査や知能検査、精神病質検査などいくつかの種類があります。その中でも種類が特に多いものが性格検査（人格検査）です。

◉ 質問紙法

質問紙法とは、複数の質問項目をクライエントに回答してもらい、その結果から現在の状態や性格特性を測る心理検査法です。

質問紙法は、投映法と比べると実施と解釈は比較的容易で、クライエントへの負担も軽い場合が多いです。反応歪曲はいくぶん起こりやすいものの、検査者側の主観が入りにくく数量的に見ることができる点でメリットがあります。

> **反応歪曲**（はんのうわいきょく）
>
> 被検者が社会的に望ましい方向につい答えてしまう傾向や、被検者の自己肯定感が低い場合、実際よりも低く答えてしまうこともあります。さまざまな可能性を考慮に入れながら、解釈を行っていく必要があります。

◉ 投映法の分類

　投映法の始まりは1879年のゴールトン（Galton,F.）による**言語連想法**です。その後ユングが研究を進め、反応時間の遅れや聞き間違い、なんらかの動作からコンプレックスの関与を推測しました。多くの投映法検査は1900年代に出揃っています。

◉ 連想法としての投映法

- ### ロールシャッハ・テスト

　スイスのロールシャッハ（Rorschach,H.）によって考案されました。左右対称の**インクのしみ**から何が見えるかを問い、その連想の答えによって人格を査定する検査です。解釈や分析の方法は複数あり、**片口法、クロッパー法、包括システム**などが有名です。

◉ 構成法としての投映法

- ### TAT(Thematic Apperception Test)

　主題統覚検査ともいい、マレー（Murray,H.A.）とモーガン（Morgan,C.D.）によって考案されました。人物が登場している場面などが描かれた**31**枚の図版を見て、被検者が物語をそれぞれ自由に構成します。被検者によって物語られたストーリーのテーマを分析し、現在の困難状況に対する態度や、自身や周囲への願望を解釈します。**欲求−圧力理論**に基づいて分析されることが多いですが、解釈・分析法は一定していません。自由な反応が得られるのが利点ですが、信頼性・妥当性を明らかにしづらいといったデメリットも存在します。子ども用であるCATも作成されています。

- ### SCT(Sentence Completion Test)

　文章完成法ともいい、言語連想検査を基にアメリカの心理学者らによって作成されました。「本を読むと…」「私が忘れられないのは…」などの書きかけの文（刺激語）の後に続く文章を自由に書いて構成してもらいます。分析は知的側面や情意側面などのパーソナリティと、身体的要因と家庭的要因などの決定要因に基づいて行われます。TATと同様、自由な反応が得られますが、信頼性・妥当性を明らかにしづらく、主観的な解釈が入りやすい側面もあります。

第3章　心理査定

◉ 完成法としての投映法

• P-Fスタディ（Picture-Frustration Study）

絵画欲求不満テストともいい、**ローゼンツァイク（Rosenzweig,S.）**により考案されました。日常的に起こるフラストレーション（欲求不満）場面に対して、登場人物がどのように反応するかを書き込んで完成させます。**24**の場面があり、自我阻害場面と超自我阻害場面に分けられます。分析は**アグレッション（フラストレーションに対する反応）**の方向と型から9つに分けられた反応の量に基づいて行われます。その他にも、常識的な反応とのズレを見る集団一致度（GCR）などがあります。

方向／型	障害優位型（O-D）	自我防衛型（E-D）	要求固執型（N-P）
他責的（E-A）	他責逡巡反応（出来事の指摘をする）	他罰反応（人や物に敵意やとがめを向ける）	他責固執反応（他人が解決することを求める）
自責的（I-A）	自責逡巡反応（不満を表さない）	自罰反応（とがめが自分に向けられる）	自責固執反応（自分の責任の元で解決しようとする）
無責的（M-A）	無責逡巡反応（出来事に無関心）	無罰反応（誰もせめずに許す）	無責固執反応（規則等に則って解決しようとする）

◉ 選択法としての投映法

• ソンディ・テスト

実験衝動診断法ともいい、**ソンディ（Szondi,L.）**によって考案されました。8種の衝動欲求に分類された精神疾患者や犯罪者の写真（1900年代初頭までのもの）を複数枚見せて、好きな写真と嫌いな写真を選んでもらい、その選択に表れる衝動欲求を測ります。家族的無意識を想定した運命分析学を理論的基盤にしています。1組8枚で提示され、好きな写真と嫌いな写真を2枚ずつ選びます。ここで選択されたものを被検者の現状を表す前景像（VGP）とし、残った4枚から比較的好き嫌いを2枚ずつ選択したものを補償像（EKP）とします。分析はこれらの分類と選択されたものを記号化した情報を合わせて行われます。

◉ 表現法（描画法）としての投映法

• バウムテスト

　コッホ（Koch,K.）によって考案されました。画用紙に「（一本の実のなる）木を描いてください」と教示し、自由に描いてもらいます。描かれた木から性格傾向や対人関係における特徴などを総合的に捉えます。心理検査としてだけでなく描画療法としても用いられています。分析や解釈は、形態（木の構造）、象徴（枝や根、付属物など）、描線（線の濃さや安定度）、空間象徴（木の大きさや用紙上の位置）などの観点から行います。

バウムテスト

• HTP

　House-Tree-Person テストのことで、バック（Buck,J.N.）により考案されました。家、木、人の順に3枚の紙に分けて描いていきます。描画終了後に質問（PDI：Post Drawing interrogation）を行い分析に役立てます。一枚の紙に3つとも描く統合HTPや描かれた人物像とは反対の性別の人物も描くHTPPなどもあります。

HTPP

発展編

発展編では、P-Fスタディ、風景構成法について詳しく説明していきます。

■ P-Fスタディ

P-Fスタディにおけるフラストレーションとは、「何らかの生活上の要求を満たそうとする過程で、克服できない妨害や障害に遭遇した時に生ずる」ものを、欲求不満 (Frustration) と定義します。検査は児童用、青年用、成人用の3種類が作成されています。計24場面は自我阻害場面と超自我阻害場面を組み合わせて構成されています。吹き出しが付いていて、欲求不満場面に遭遇した人がどのように反応するか想定して行います。集団実施も可能です。

結果の解釈は、反応語を記号化し、プロフィール欄に記入した後、方向／型のプロフィールにおける出現比率、標準評点との一致度を見る集団一致度 (GCR) 得点、超自我因子の出現率、検査の前半・後半で因子の出現率変化を見る反応転移分析を総合して行われます。評点因子は方向／型の9因子と超自我評定の2因子を合わせた計11評点因子です。

採点、解釈の方法が構造化されており、実施の簡便なことから医療領域をはじめ、様々な領域で使用されています。

■ 風景構成法

LMT(Landscape Montage Technique) ともいい、中井久夫により考案されました。中井は、統合失調症者との交流を模索する中でこの方法を考えました。一枚の画用紙に全体として一つの風景になるように、川、山、田、道、家、木、人、花、生き物、石を順番に描いていきます。被検者の前で画用紙の隅を枠づけしてから実施すること(枠づけ法)が特徴です。この作業により、表現を保護すると同時に、表現することを強いることになります。解釈の方法は定まってはいませんが、箱庭療法やユング心理学の観点が用いられることが多く、空間象徴理論が参考とされています。キメラ的多空間現象は妄想型統合失調症、鳥瞰図現象は躁病、空白の過多は神経症などの傾向と可能性があります。また、時期を空けて実施していくことで、治療の経過やクライエントの状態の変化をうかがうことが可能になります。

　風景構成法は心理査定に分類されますが、あくまでクライエントとの自由な交流を大切にする心理臨床的視点が必要とされます。

群	アイテム
大景群	①川　②山　③田　④道
中景群	⑤家　⑥木　⑦人
小景群	⑧花　⑨生き物　⑩石

風景構成法

3-4 ロールシャッハ・テスト

難易度 ★★★

● check

キーワード ・ロールシャッハ ・片口法 ・エクスナー法 ・スコアリング ・継列分析

過去問題 ⑳31,34,46,48 ㉑36,37,48 ㉒31,32 ㉓26,34 ㉔22 ㉕34,44 ㉖34,47 ㉗42,43など毎年出題 ㉘23,24 ㉙23,26,36,37 ㉛27,33 ❶41,43 ❷27,30,31 ❸39,49

臨床心理士試験では、スコアリング、解釈まで理解しておかなければなりませんが、大学院入試では概要を学んでいれば十分です。

◉ ロールシャッハ・テストとは

ロールシャッハ・テスト(Rorschach test)は、スイスの精神科医であったロールシャッハ(Rorschach,H.)によって考案された心理テストです。テストは10枚のインク・ブロット(インクのしみ)の絵からなり、それらを順に被検者に見せ、それが何に見えるか(反応内容)を被検者に答えてもらいます。また、刺激に対する反応内容を、どこに見たのか(反応領域)、どのような刺激特徴から見たか(反応決定因)を答えてもらい、分析します。そうすることによって、被検者のパーソナリティの特徴や、無意識的な衝動や欲動、知覚パターンなどを理解することができるとしています。ロールシャッハ・テストの実施と解釈法について、日本ではクロッパー法を基にした片口法(Kataguchi system)と、エクスナー(Exner,J.)が林立する多種のロールシャッハ解釈法を統合する方法として開発した包括システム(comprehensive system)がよく用いられるようになりました。ロールシャッハ自身による解釈法はなく、その他にもクロッパー法、ベック法、阪大法、名大法、慶大法など、多くの体系システムがあります。その後、R-PAS(Rorschach Performance Assessment System)という解釈法が、アメリカのメイヤー(Meyer,G.J.)らによって包括システムを改良して作られています。

第3章 ● 心理査定

◉ ロールシャッハ・テストの誕生

　ロールシャッハは、チューリッヒにて精神医学を専門として学んだ医師でした。彼が、インク・ブロットの研究をはじめたきっかけは、フロイトの師である**ブロイラー（Bleuler,E.）**の**早発性痴呆（現在の統合失調症）**の研究によるものでした。1910年代当時の精神医学会では、早発性痴呆と器質性痴呆をどのように区別するかが問題となっていました。ロールシャッハは、インク・ブロットがその区別に役立つことを発見し約40枚のインク・ブロットを用いて、精神科患者とそうでない人々を合わせた405名の被検者から資料を収集しました。1921年、ロールシャッハは、インク・ブロットテストが早発性痴呆を識別する診断ツールになりえるだけでなく、パーソナリティ特性を明らかにできることも発見しました。そうしたインク・ブロットテストの知見をまとめ、出版したのが「**精神診断学**」でしたが、翌年の4月に37歳の若さでこの世を去りました。

ロールシャッハ・テスト

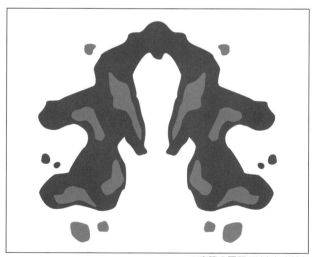

※実際の図版ではありません

◉ ロールシャッハ・テストの発展

　「精神診断学」は、学会誌ではほとんど取り上げられず、ロールシャッハの弟子たちの発表は学会においても批判されました。しかし、インク・ブロットテスト

の研究はロールシャッハの同僚や弟子などの一部の人々によって継続されました。

　インク・ブロットテストは「ロールシャッハ・テスト」として米国で盛んに研究されることになり、1930～1950年代には5つの学派、すなわち、ベック（Beck,S.）、クロッパー（Klopfer,B.）、ハーツ（Hertz,M.）、ピオトロウスキー（Piotrowski,Z.）、ラパポート（Rapaport,D.）とシェイファー（Shafer,R.）のグループが生まれました。彼らはいずれもロールシャッハとは直接的な交際経験がなく、それぞれ独自のロールシャッハ・システムを考案しました。こうした学派が林立している状況を改善するべく、エクスナー（Exner,J.）が実証データに基づき、これらを統合し、1974年に「包括システム」解釈法が開発されました。その後、包括システムは、2011年にアメリカのメイヤー（Meyer）らによって大きく改良を加えられ、**Rorschach Performance Assessment System（R-PAS）**という解釈法が広まりつつあります。

◉ 日本でのロールシャッハ・テスト

日本には第二次大戦後にアメリカからロールシャッハ・テストが輸入されました。アプローチとしては主にクロッパー法が輸入されましたが、米国においてさまざまなアプローチが発達したのと同様に、日本でもいくつものアプローチが考案されました。各大学名をもじった、早大式、阪大法、名大法といったアプローチなどが体系化されました。その中でも、最も日本で広く普及したのは**片口安史**による片口法です。片口はクロッパー法に従った体系を1974年に「**心理診断法**」、そして1987年に改訂版である「**新・心理診断法**」を出版して日本に広めました。

発展編

■片口法と包括システムの実施法

　実施手順として、自由反応段階(10枚の絵に対して自由に答えてもらう)から質問段階(どうしてそう見えたのか、どこがそう見えたのかを質問する)によって進められます。そして、質問段階が終わった後、場合により限界吟味段階(反応内容について意図的に質問する)を行うこともあります。この段階では、自由反応段階における反応が少ないときや、被検査者が勘違いをしている可能性があるときなど、どうしてそのような反応になったかを後で確かめたい場合、誘導的な質問、直接的な質問によってより詳しい情報を得ようとするものです。両法には共通しているところが多くありますが、座り方などをはじめ細かい部分の違いや、包括システムでは全図版での総反応数が13以下の場合は反応段階を繰り返すなど、特徴的な違いもあります。

片口法、包括システムの実施比較

	片口法	包括システム
座り方	向かい合って座る	横に並ぶ、90度の位置に座る
導入	「これからあなたに10枚の・・・」と教示を伝え、図版を手渡す	検査前面接で査定の目的・方法の概要を伝える。「では、テストを始めましょう。(図版を渡しながら)これは何でしょう」
反応数	制限なし	反応数は14以上求める。図版1から5つ以上の反応がある場合は介入する
追加・取り消し	反応の追加・取り消しは認める	追加された反応は聞くが、コード化しない。取り消されそうな反応は思い出して説明するように求める
時間計測	各図版の初発反応時間と終了時間を計測する	計測しない
限界吟味段階	反応数の少ない場合や反応内容が曖昧な場合、質問する。好きな図版、嫌いな図版、家族イメージ図版を質問する	漠然とした反応に質問するが、コード化しない
記録	被検者の全ての反応は原則記録する	全ての反応は逐語的に記録する

■片口法と包括システムの分析

　被検者の自由反応段階、質問段階における反応を記録し、スコアリング(符号化)を行います。スコアリングする対象は、反応領域(どこを見たのか)、反応決定因子(どのような特徴からそう見たのか)、反応内容(何を見たのか)、形態水準(反応決定因子・反応内容の正確さ・明細化・組織化の程度)、平凡反応(よく見られる反応内容)などです。これらをスコアリングしたものを数量化し、整理します。片口法におけるスコアリングは、反応領域、反応決定因子、反応内容、形態水準評定、平凡反応の5つの評定が基本です。包括システムでは、これらに加え、DQ、ペア、Zスコア、特殊スコアを付けます。その他、逸脱言語表現などの目立った特徴は、片口法では継列分析において取り上げられます。

■反応領域分類について

　片口法の領域分類は10種類あり、複数の領域が用いられた場合は、中心概念や用いられているブロットの大きさなどを手掛かりに主領域と副領域を決め、カンマでつないで表記します。Sが単独で主領域にもなります。片口法でDdと表記するのは特殊部分反応の総称です。一方で、包括システムでは領域カテゴリーはベック法に準じて4種類であり、Sは単独でコード化されることはありません。Sの用いられる頻度によって領域図にDS5などと決められており、領域図にない頻度の少ないものはDdS99とコード化されます。そのため、片口法のWや特殊部分反応の多くはDd99とされます。包括システムのカテゴリーは非常に簡単明瞭で実証的所見に基づいているので、独断や基準の曖昧さがないのが特徴といえます。

反応領域比較

	片口法	包括システム	解釈
全体反応	W	W	総合的な思考
作話的全体（結合）反応	DW	W	現実検討力の低下
切断全体反応	WW		批判的能力
部分反応 　普通大部分反応 　普通小部分反応 　微小部分反応 　外縁反応 　内部反応 　特殊区分反応 　空白反応	D d	D/Dd D/Dd	具体的、現実的思考、こだわり、自信の欠如、特殊部分反応
微小部分 外縁 内部 特殊区分	dd de di dr		強迫的傾向 内向的、不安傾向 病的反応、対人恐怖 独断的思考
空白反応	S	S	何らかの否定的態度

■反応決定因の分類について

　片口法と包括システムの決定因のスコアリングは、ほとんど同じものとかなり違った部分とがあります。形態・運動・色彩因子はあまり違いがありませんが、濃淡因子では、違いがあります。包括システムにおいて、運動反応にはその反応が積極的（a）か消極的（p）かを表す記号を右肩につけます。それらを用いた積極的運動：消極的運動の比率（a：p）によって、思考や態度の柔軟性を見ます。

決定因

決定因子	片口法	包括システム	解釈
形態反応	F	F	客観性
人間運動反応	M	M	想像力、内省力

動物運動反応 無生物運動反応	FM Fm mF m	FM m	衝動性、攻撃性 精神的な葛藤、不安
色彩反応 　形態彩色反応 　彩色形態反応 　　純粋彩色反応 　　彩色命名反応	FC CF C Cn	FC CF C Cn	適切な情緒反応 不安定な情緒反応 衝動的な情緒反応 病的な情緒反応
彩色投映反応	Cp		悲哀の抑圧
不自然彩色反応 　不自然形態彩色 　不自然彩色形態	F/C C/F		情緒的な関わりあいを回避 情緒統制を欠く
色彩象徴反応	Csym		情緒を抑圧
無彩色反応	C' C'F FC'	C' C'F FC'	情緒的葛藤の抑圧
材質反応 　形態材質反応 　材質形態反応 　純粋材質反応	Fc cF c	FT TF T	愛情欲求や依存欲求 未成熟な愛情欲求 安定性の欠如
立体（通景）反応 　通景・立体反応 　形態立体反応	FK (FK)	FV V VF FD	感情の客観化 自己評価の悪さ 自己批判
拡散反応 　形態拡散反応 　純粋拡散反応	KF K	FY Y YF	抑うつ感、無力感 漠然とした不安
反射反応		rF Fr	
ペア反応		(2)	

第3章　心理査定

■ 反応内容について

　両法とも、複数の概念が用いられていれば、それらをスコアリングすることや、主要な内容を（主反応として）最初に記すのも同じです。包括システムでは、分類不能なものはIdとしますが、片口法ではいくつかの新しいカテゴリーを作ることを認めています。

反応内容　※片口法は片口、包括システムは包括で略記

反応内容	片口法	包括システム	内容に含まれるもの
人間全体	H	H	人間の全体像。歴史上の人物であれば、片口：(H)、包括：Ayを付加。
非現実的人間の全体	(H)	(H)	架空で想像上の人間の全体像。悪魔・幽霊・天使・妖精など。
人間の部分	Hd	Hd	人間の部分像。手・頭・顔・上半身・首のない人など。
非現実的な人間の部分	(Hd)	(Hd)	架空で想像上の人間の部分像。悪魔の顔の部分、魔女の頭など。包括：様々な種類のお面も含む。
人間的体験		Hx	形態のない人間の感情や感覚的体験。愛・憎しみ・怒り・抑うつ・幸福・音・臭いなど。多くは特殊スコアABをコード。
動物全体	A	A	動物の全身像。
非現実的動物の全体	(A)	(A)	想像上や架空の動物の全体像。
動物の部分	Ad	Ad	動物の部分像。包括：動物の毛皮も含む。
非現実的動物の部分	(Ad)	(Ad)	想像上や架空の動物の部分像。
解剖	At	An	骨・筋肉・内臓など。片口：下位カテゴリーとしてAtb（骨）、Ats（内臓・筋肉）、X-ray（レントゲン写真）、A.At（動物の解剖）。
性	Sex	Sx	生殖器および性的行動に言及した反応。
肛門	Anal		肛門と陰部の一部としての肛門。
動物製品	Aobj		毛皮・敷物・剥製・ワニ皮のバッグなど。包括：Ad、一部は室内の家財道具Hhとして処理、あるいは芸術性が高ければArt。

包括システムで用いられるクラスター

クラスター	代表的な指標	解釈
統制に関するクラスター	EB	体験型（内向的、外拡型、不定型）。
	EA	獲得されてきた認知的能力の総体。
	EBPer	意思決定プロセスの際に顕著となる体験型。
	eb	対処を要請されている刺激の量。
	es	ストレス刺激の総量。
	D	ストレス耐性と統制力。
	修正es	esに影響を与える要因を除去した量。
	修正D	EAと修正esによる結果をDスコアに換算し直した値。
感情に関するクラスター	FC：CF＋C	感情の調節。
	SumC'：WSumC	否定的で内に留めておきたい感情と外に表現したい感情の割合。
	Afr	感情刺激に近づいたり、体験することへの関心に関係している。
	Blends：R	現在の感情や精神活動の複雑さに関する指標。

対人知覚に関するクラスター	SumT	親密にしたい欲求や親密さを受け入れたい欲求と関係している。	
	GHR：PHR	対人関係上の適応・不適応と関連している。	
	a：p	対人関係でより受動的な役割を取ろうとする傾向の有無を判断する。	
	Human Contents	他者に関する関心の程度を評価する基礎的情報が得られる。	
	Isolation Index	社会的孤立に関する数値。	
自己知覚に関するクラスター	3r＋（2）IR	自己への関与と自尊心の程度を示す	
	Fr＋rF	自己中心性・自己過大・自己愛を示す。	
	MOR	損傷感を伴う自己知覚や自己に関する悲観的な思考と繋がりやすい。	
情報入力に関するクラスター	Zd	情報処理の際のスキャニングの効率。	
	W：D：Dd	情報処理努力のやり方とその経済性の指標。	
	W：M	情報処理に対する意欲の程度。	
	PSV	認知的機能障害、情報処理の効率に問題があることが示唆される。	

問題があることが示唆される認知的媒介に関するクラスター	X+%	形態の習慣的使用。
	X-%	知覚の歪みの割合。
	P	平凡反応。規範的、慣習的な行動傾向。
	Xu%	独創思考の傾向。
	XA%	物事を総合的に捉える傾向を示す割合。
	WDA%	物事の特徴を適切に捉える傾向を示す割合。
思考に関するクラスター	a：p	思考や態度の柔軟性。
	Ma：Mp	思考特質。
	2AB+（Art+Ay）	知性化指標。

包括システムで用いられる特殊指標

特殊指標	指標内容
SCZI	統合失調症
DEPI	うつ病
CDI	対処力不全、社会的未熟さ
S-CON	自殺傾向
HVI	警戒心過剰、他罰的
OBS	強迫性様式

　このように構造的変数を第一義とする包括システムによって、これまで実施から解釈までをマスターするまでに、かなりの経験が必要とされたロールシャッハ・テストが、マニュアル化されたステップに沿えば、信頼性のある統計的根拠に基づいた解釈ができるようになりました。前述のR-PASはまだ日本に紹介されて間もないですが、今後主流になっていくと思われます。

発達検査・知能検査

check

キーワード	・知能指数（IQ）・ビネー式知能検査・ウェクスラー式知能検査
過去問題	④22,26　⑤31　⑥29,35　⑦28,30　⑧35　⑨47　⑩39　⑫47 ⑬35,37　⑭37　⑮39　⑯95　⑰27　⑱21　㉓92,93　㉕26,29,97　㉖7, 28　㉗46,48　㉘22,25,26　㉙35,37　㉚48　❶46　❷34,35　❸40,41

　知能検査や発達検査は、大学院入試ではあまり出題されませんが、病院臨床や児童相談所などをはじめとして、多くの場所で必要とされる臨床心理士・公認心理師のスキルです。

● 発達検査

　乳幼児は、知能のみから発達をみることはできません。その発達の状態を捉えるのに用いる検査を発達検査といいます。発達検査の始まりは、ビューラ（Buhler,C.）とゲゼル（Gesell,A.）の研究といわれています。今日では一般的となっている発達指数（DQ：Developmental Quotient）はビューラーが考案したもので、知能検査のIQと同様な指数として用いることができます。発達年齢は対象児の発達の相当年齢を示し、発達指数が100であるとは、生活年齢相当であるということになります。これまでに様々な発達検査が開発されており、保健所、児童相談所において、出生時の状態評価、3歳児検診、就学時（6歳）検診などを目的に、発達検査がよく使用されています。

発達指数の算出式

$$DQ（発達指数）= \frac{発達年齢（DA）}{生活年齢（CA）} \times 100$$

どの社会的要因を総合する生物心理社会モデル（Bio-Psycho-Social Model）が参考となります。

FIT (Family Image Test)	家族イメージテストともいい、亀口憲治により作成されました。被検者が家族成員間の関係性をどのように認識しているのかを視覚化します。家族成員をシールと見立てて、ワークシートに貼っていきます。個人に対しても用いられますし、家族メンバーにそれぞれ取り組んでもらい、その差異や共通性を検討する場合もあります。
FACES Ⅲ	FACES Ⅲ（Family Adaptability and Cohesion Evalution Scale Ⅲ）とは、オルソン（Olson,D.H.）によって作成された質問紙法検査です。家族システムを適応性、凝集性、コミュニケーションの3つの次元から捉える円環モデルを理論的基盤としています。適応性と凝集性の得点から家族機能を評価します。
動的家族画	KFD（Kinetic Family Drawings）ともいい、バーンズ（Burns,R.C.）とカウフマン（Kaufman,S.H.）によって作成されました。家族が何かしているところを絵に描いてもらい家族力動をアセスメントします。人物像の特徴、行為、描画の様式、象徴の4項目から解釈を行います。
親子関係診断検査	親子の「関係性の質」を測るFDT親子関係診断検査や、中高生を対象とした親子関係診断検査EICA、親用、子用の2種類からなるTK式診断的親子関係検査などがあります。

発展編

■ 神経心理学的検査

　高次脳機能障害の有無や重症度の評価、記憶障害や実行障害が併発しているかどうかを調べる検査です。高次脳機能障害とは脳卒中などの病気や交通事故などによる脳損傷のために、言語、思考、記憶、学習などの認知機能の低下が生じる障害です。脳の障害のため外見から気付かれずに理解を得にくく、また、本人も自覚出来ていない場合もあります。高次脳機能障害は、CTスキャンやMRIなどの画像所見として捉えられない場合もあり、それらを補うために、神経心理学的検査の果たす役割は重要となります。

■ 見当識・知能に関する検査

COGNISTAT(Neurobehavioral Cognitive Status Examination)

　コグニスタット認知機能検査ともいい、様々な認知機能を評価することが出来る簡便な検査です。高次脳機能障害や認知障害を持つ患者に対して用いられます（4項目で構成される簡易版もあります）。

レーブン色彩マトリックス検査：RCPM(Raven's Colored Progressive Matrices)

　高次脳機能障害の他、認知症の評価にも用いられることがあります。一部分が欠けている図版を提示し、そこに当てはまる図柄を選択します。言語を必要としないのが特徴で、コース立方体テストも同様に言語を必要とせずに実施可能です。

■ 記憶に関する検査

日本版リバーミード行動記憶検査：RBMT(The Rivermead Behavioral Memory Test)

　日常生活状況で必要となる記憶能力を評価します。記憶障害の患者に対して用いられます。重症度や治療やリハビリによる変化を評価します。

三宅式記銘力検査

　対になる2つの言葉と関係の無い2つの言葉それぞれ10対を口頭で伝え、どれだけ再生出来るかを測定する言語性の記憶検査です。高次脳機能障害や記憶障害の患者に対して用いられます。

ベントン視覚記銘検査：BVRT(Benton Visual Retention Test)

　ベントン(Benton,A.L.)によって作成されました。幾何学模様を数秒間提示した後、直後にその模様を同じように描いてもらいます。視覚的な認知・記憶・構成能力を評価します。認知症・高次脳機能障害の患者などを対象とし、器質的脳障害のスクリーニング目的で使用されることが多くあります。

■言語に関する検査

WAB失語症検査

　WABとは、The Western Aphasia Batteryの略で、失語症の分類や重症度を評価することが出来ます。失語症の評価の他、失行検査、半側空間無視の検査、非言語性検査などを含み、大脳皮質指数を算出することも可能です。

■注意・実行機能に関する検査

ウィスコンシン・カード・ソーティングテスト：WCST(Wisconsin Card Sorting Test)

　前頭葉機能や実行機能を評価します。実行(遂行)機能とは、課題に取り組む際にどのように遂行すれば良いのかを考える機能であり、WCSTではカード分類の正答数、ルールが変更された際に新しいルールを学習できるまでの時間等を測定します。

ストループ・テスト

　その単語が指し示す色とは異なる色で彩色された文字に対して(赤色で書かれた「みどり」という文字など)、文字か彩色された色の名前で回答を行います。実行機能と選択的注意を評価します。

トレイル・メイキング・テスト：TMT(Trail Making Test)

　実行機能や注意機能の評価に用いられます。散りばめられた数字やひらがなを線で繋いでいく課題です。空間位置の把握と注意の測定のためスパン課題が用いられることもあります。

3-7 心理検査の使い分けとテストバッテリー

難易度 ★★★

check

キーワード	・テストバッテリー
過去問題	③12 ⑥53 ⑦39 ⑧49 ⑨55 ⑰9 ⑱23 ⑲39 ㉑29 ㉒42 ㉚91 ❸44,45

心理検査を行う上で、2つ以上の検査を同時に使うことがあります。こういったテストバッテリーについてしっかり学ぶことで、心理検査の力を十分に発揮できるようにしましょう。

◉ 心理検査の実施

心理検査を実施するにあたり、以下のことをまず念頭に置く必要があります。

実施の目的：何のために心理検査を行うのか
検査の選択：どの検査を用いるか
フィードバック：検査結果をどのように伝えるのか

クライエントの援助のために、何を明らかにしなければならないのか、心理検査でなければ知ることのできない情報は何かを考え、最適な検査を選ばなければなりません。そして、検査者がその検査を十分に使いこなせるか、必要な検査道具が用意できるかということも関わってきます。

◉ テストバッテリーとは

心理検査は通常2つ以上の検査を組み合わせて行いますが、このことをテストバッテリー(test battery)と呼びます。それぞれの検査が測ることのできる範囲は限られているため、テストバッテリーを組むことでより立体的・総合的に被検者を捉えることができ、高い信頼性を得ることが期待できます。また、ある特性を捉えたい場合、同じ特性を測定するテストを複数使用することにより、その結果の妥当性を高めることにつながります。他にも、複数の検査を実施することにより、重大な要因が見つけ出されることがあります。このように複数の検査を実施することで妥当性を高め、様々な観点から人物像を捉えることが出来ます。

棒グラフ

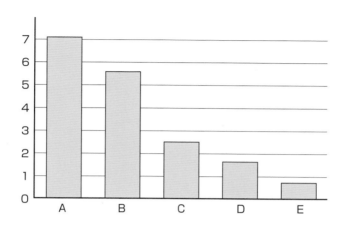

ヒストグラム

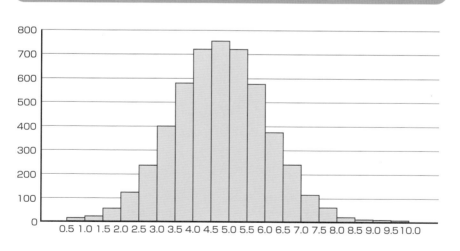

発展編

■ 尺度水準について

　尺度水準は、**名義尺度・順序尺度・間隔尺度・比率尺度**の４種類であることは、基礎編で学びました。間隔尺度と比率尺度は、尺度水準としては２つに分かれていますが、実際に推測統計学の検定・分析を行う際には同様に扱われます。これらは合わせて**スケール**と呼ばれたり、連続する数であることから**連続数**と呼ばれたりします。

　このような連続数からなる**間隔尺度**、**比率尺度**は、最も検定や分析を行う際に使いやすく、相関係数を求めたり、t 検定、分散分析の従属変数、回帰分析の説明変数と目的変数の両方、そして因子分析や主成分分析を行う対象として用いることが可能です。

　逆に**順序尺度**は、通常のピアソンの積率相関係数が使えないことから、ケンドールやスピアマンの相関係数を用いることができますが、その他の検定・分析では扱いにくく、尺度で扱われるリッカートスケールなどは、厳密には**順序尺度**と考えられますが、**間隔尺度**として扱うことによって他の検定・分析を使うことがあります。

　最後に、**名義尺度**は最も尺度水準が低いことから、カイ二乗検定やクラスカルウォリス検定など、ノンパラメトリック検定などを行うこととなります。回帰分析のような形で線形回帰関係を調べたい場合、ロジスティック回帰分析などの特殊な分析を行えば、回帰分析と同じことができます。ただ、このような特殊な分析は、通常の統計ソフトのパッケージに入っていない場合が多いため注意しましょう。

■ 標準化について

　「標準化」という言葉は、基礎編にあるように、統計学的に単位を合わせるために使われるときと、**元々アメリカなどで広く使われている心理検査を、日本版として翻訳して作り直される際に使われる**ときとがあります。

　もちろん日本版として心理検査を翻訳して作る際にも、統計学的な「標準化」は行われますが、心理検査は単に翻訳するだけではなく、地域性や人種、文化などを考慮して作ることが必要ですので、長い期間をかけて行われるのが通常です。有名な標準化された検査としては、ビネー式やウェクスラー式などの発達検査・知能検査があります。発達検査や知能検査では、その国・文化圏のある年齢において、当然知っているであろう事

　構成概念妥当性とは、同じ構成概念を測る他の尺度との間の相関係数など、測定される構成概念に関する理論的な予測ができるか、実際のデータによって実証される程度に関する妥当性です。その中でも、同じ構成概念を測定する他の検査と、十分な高い相関がみられる時は**収束的妥当性**（convergent validity）があると考えられ、検査や概念がもう一方の構成概念と異なることを確かめたい時に、相関が十分に低い場合は**弁別的妥当性**（discriminative validity）があると考えられます。

　その他、妥当性には、交差妥当性（予測式がある標本で成り立つ場合に別の標本でも成り立つ程度）、内的妥当性（研究結果による再現性の程度）、外的妥当性（研究結果が別の集団においてなど、一般化できる可能性の程度）などがあります。

◉ 妥当性を検討する際の注意点

　選抜効果（selection effect）と呼ばれる現象により、妥当性が本来より低くなったり高くなったりすることがあります。たとえば、高校の入学試験の結果と、入学後の実力テストの間で、どの程度相関があるかを見ると、相関が低く出る可能性があります。それは、入学試験によって落とされた（入学していない）学生もその実力テストを受けることができれば、相関係数は高まることが予想できますが、実際には成績が下の方の学生はその実力テストを受けていない分、下位の成績の学生がいないことで相関係数の値が小さくなってしまいます。

　また、心理検査などを行う際、心理検査をいくつか一緒に行うことで（テストバッテリーを組むことで）、妥当性を高めることができることがあります。このことを**増分妥当性**（incremental validity）があるといいます。また**虚偽尺度**（ライ・スケール：lie scale）によってウソの回答をしている人を除外することで、全体の妥当性が高くなる可能性があります。

　逆に、心理検査が測定する対象（例えば年代、地域、性別など）によって、不利もしくは有利な点数を示すことがあります。これを**テストバイアス**（test bias）と呼びます。テストバイアスについては、バイアスがかかってしまっている可能性がないかどうかをよく考えて、検査を行う必要があります。ただ、現在では検査がテストバイアスをもつかどうかよりも、検査を用いての決定の仕方や公表の仕方が、特定の集団に対して不利になる場合があり問題視されています。

発展編

■ 心理検査や尺度の信頼性・妥当性

臨床心理士・公認心理師の扱う心理検査や、論文で使われるような心理学的尺度は、基本的に信頼性と妥当性が一定以上確認されていることが必要とされています。信頼性や妥当性が低く、科学的に用いる正当性が認められないようなものであれば、雑誌に載っている心理テストとなんら変わらなくなってしまいます。

ただ、実際問題として「信頼性や妥当性が十分ではない」と言われる心理検査も少なくなく、臨床心理士・公認心理師はできるだけ信頼性や妥当性が確保された心理検査を使うべきでしょう。

■ 信頼性の高低

統計学的に「信頼性が高い」とはどういうことでしょうか。具体的にどのくらいの数値があれば信頼性が十分に高いといえるのかは難しいところです。

信頼性係数は、0.00〜1.00までの値を取りますので、1.00に近ければ近いほど信頼性は高いと言うことができます。基礎編でもお示ししたように、0.70を切った数値（0.69以下）では、「信頼性が高い」とはいえません。とは言っても、信頼性が0.90を上回ることは多くはなく、0.70〜0.90の間を目指すことになるといえるでしょう。

また、信頼性とは「検査や尺度などで出てきた数値（多くは検査や尺度の総合得点）」が、場所やタイミング、気分などによって不安定にならない（安定している）度合いのことです。

たとえば雑誌の心理テストの信頼性が低いことについては、以下のような例で考えることができます。

「あなたが森を歩いていると、目の前に一匹の動物が出てきました。その動物は何だったのでしょうか？」

A.うさぎ　B.ねこ　C.いぬ　D.ライオン

Bを選んだ場合：Bを選んだあなたは、自由気ままな性格です！

このような心理テストは雑誌でよく見られますが、「B.ねこ」を選ぶ人は、本当に自由気ままなのかもしれませんし、単にねこが好きなだけかもしれません。また、その時の気分・考えで選ぶので、その前にペットショップで犬を見ていれば「C.いぬ」を選ぶかもしれません。

以上のように、信頼性の低い心理テストでは、その時その時によって回答が異なってきてしまいます。そうなると、医療現場などでも使われる検査としては、"あてにならないもの"になってしまいますので、心理検査では「いかに信頼性が確保できるか」というところを重視するのです。

■妥当性の高低

統計学的に「妥当性が高い」とはどういうことでしょうか。具体的にどのようなものであれば、妥当性が高いのかについて考えるのは非常に難しいところです。

妥当性とは、「モノサシが測りたいものを測れているか」という性質のことです。そのため、抑うつ尺度が不安の度合いを測っていたのではいけません。抑うつ尺度が本当に抑うつを測っているのか、それを数値的に調べることは困難ですし(どうすれば抑うつか不安かを、数式で求めることができるかなんて、見当もつきません)、やはりここで必要になってくるのは"専門家の知見"(論理的妥当性)やその他の方の"見た感じの印象"(表面的妥当性)になります。

"専門家の知見"や、"見た感じの印象"なんて言われると、「主観的すぎて科学的とは言えない」と感じられるかもしれません。ですが、臨床心理学領域や精神科領域のように「操作的診断基準」に基づく診断名や、症状に関しては、やはり曖昧でつかみどころのないものが多く、全てを完全に客観的にすることは事実上困難です。そのため、できるだけ多くの"専門家の知見"や一般の方の"見た感じの印象"を集めることで少しでも補完しようと試みているのです。

抑うつや不安などの「構成概念」も、本当に存在しているかどうかを確かめることは事実上困難ですので、やはり専門家同士で合意されるか否かということがたいへん重要となってきます。

心理学とは、曖昧なものをいかに科学的で客観的、かつ論理的なものとして扱うかを考えながら、そういった主観的なものや神秘的なものも同時に扱うという、本当に特殊な領域です。それを曖昧で難しく意味のない世界と捉えるか、主観と客観、科学と神秘を両立する魅力的な世界と捉えるかは、私たちの考え方次第ではないでしょうか。

キーワード	・観察法・質問紙調査法・検査(テスト)法・面接法
過去問題	⑦1 ⑨13 ⑩25 ⑰9

臨床心理士・公認心理師は臨床家であると同時に、研究者でもあります。したがって様々な研究法についてよく把握し、修士論文や博士論文をはじめとした研究を充実したものにしましょう。

◉ 心理学的研究の方法

心理学に関する研究を行う場合に、いくつかある研究法の中から研究目的に最適の研究法を選ばなければいけません。研究法の中でも主なものとして、観察法(observational method)、質問紙調査法(questionnaire survey method)、検査(テスト)法(test method)、面接法(survey interview)といったものがあります。

◉ 観察法

行動などの観察を通してクライエントの情報を集めることをいいます。観察対象について毎日観察を続けていく方法を日誌法、特定の場面を観察する場面見本法、特定の行動に注目してその生起の条件を観察する行動見本法、一定時間ごとに目標が生起するかどうかを観察する時間見本法があります。

◉ 質問紙調査法

質問紙調査法とは、質問紙と呼ばれる調査用紙を被検者に配布して回答をしてもらった後、回収、分析することによって研究を行う方法です。質問紙調査を行う際には、質問紙を配布したあとに一定期間置いておき、あとで回収する留置法や、郵送して答えてもらう郵送法、複数人に集まってもらい質問紙に回答してもらう集合調査法などがあります。

質問紙法においてよく用いられる方法として、リッカート法(Likert scaling)があります。リッカート法とは、質問項目に対する回答を「よくあてはまる」「あ

てはまる」「どちらでもない」「あてはまらない」「全くあてはまらない」など数段階に分け、0～4や1～5などの点数をつけて数量化する方法です。このように回答が5段階に分けられている場合を5件法といいますが、「はい」「どちらでもない」「いいえ」と3段階の場合は3件法といいます。

また、SD法（セマンティック・ディファレンシャル法：Semantic Differential method）という**オズグッド（Osgood,C.E.）**による形容詞対を用いた方法も、質問紙法ではよく用いられます。

リッカート法 (Likert scaling)	ライカート法とも。質問項目に対する回答を「よくあてはまる」「あてはまる」「どちらでもない」「あてはまらない」「全くあてはまらない」など数段階に分け、0～4や1～5などの点数をつけて数量化する方法です。このように回答が5段階に分けられている場合を5件法といいますが、「はい」「どちらでもない」「いいえ」と3段階の場合は3件法といいます。
SD法（セマンティック・ディファレンシャル法） (semantic differential method)	行動主義のS-R理論を発展させたものですが、S（刺激）に対して抱かれる（形容詞対で表された）情緒的意味を、数値によって数量的に把握することでR（反応）の予測をたてようとするものです。 例えば、「Aについての印象として、1～7の数値のうち近い数値に○をしてください。例えば～」というような教示を作成し、複数の形容詞対を用意し、回答してもらいます。

● 心理検査法

実証された手続きによりクライエントの精神状態や人格・能力を客観的に測定することをいいます。質問紙法、投映法、作業検査法などの性格検査と、発達検査、神経心理学的検査、適性検査などの能力検査があります。

● 面接法

面接場面で、援助者がクライエントとのコミュニケーションの中で情報を集めることをいいます。質問する内容や順番などがあらかじめ決められている構造化面接、質問をする内容は決めているが、クライエントの自由な反応に基づきながら行う半構造化面接、あくまでもクライエントの自由な反応に添って進める

非構造化面接があります。

◉ 発達に関する研究方法

　発達に関する研究法としては、横断的研究法（cross sectional method）と縦断的研究法（longitudinal method）の2つに分けられます。横断的研究法も縦断的研究法も、長所と短所がそれぞれにあるため、それらの長所を合わせた方法として、コホート研究法（cohort method）が使われることがあります。

　さらに、発達や個人差に関わる遺伝や環境の影響を調べる方法として、遺伝子的に同一といえる双生児を対象とした双生児研究（twin method）が行われることもあります。

横断的研究法	異なる年齢集団など同時期に存在する2グループ以上の比較によって行う研究法で、一般的な各年齢間の発達的傾向の違いなどを短期間で調査することができます。
縦断的研究法	ある特定の集団について長期にわたり調査を行う方法です。同一の個人を追跡調査していくため、発達年齢やライフイベントによる継時的変化をみていくことができます。ただ、縦断的研究法を用いる場合は研究を長期間続けることが前提となっています。
コホート研究法	同年齢・同世代の同じ属性を持った集団のことで、例えば震災を経験した集団と経験していない集団（コホート）という風に分けて、それぞれの集団（コホート）を追跡調査します。これにより、震災を経験した・経験していない集団の継時的変化のほか、震災を経験した・していないによって、どのような変化の差異が存在するかなど数多くのことを調べることができます。

発展編

■ 心理学的研究法と卒業論文・修士論文

　心理学における研究法は、基礎編で示したように様々なものがあります。ですが、卒業論文や修士論文の中で、もしくは大学院生レベルで学会発表をするとなると、制限が多く出てきやすいことは否めません。

■ 事例研究

　たとえば、カウンセリングや心理療法に興味があるからといって、事例研究を卒業論文や修士論文にすることは難しいでしょう。カウンセリングや心理療法に関する事例研究は、特に心理療法を行うセラピスト側の要因が大きく、未熟な大学院生が行った心理療法の結果、良い効果が出なかったとしても、それは心理療法の限界ではなくて大学院生の経験や力の無さに起因するのかもしれません。だからといって、修士論文のために熟達したセラピストがこぞって協力してくれるというのも考えにくいでしょう。

■ 文献研究

　また、基礎編でご紹介した研究法のほかにも、文献研究という研究もあります。文献研究とは、これまで発行された書籍や論文などをダイジェストとして見ていく研究の方法です。卒業論文では、このような研究が多く見られますが、大学院に行くことを検討している場合は文献研究を避けた方が無難でしょう。文献研究は、「研究」という名前がつくものの、やはりまとめるだけになりがちですので、修士課程や博士課程で求められるような研究の体裁をなさないと捉えられることも少なくありません。これから論文を考える余裕がある方は、推測統計学の検定・分析を用いた量的研究か、インタビューなどから行う質的研究を選ぶとよいかと思われます。

■ 量的研究と質的研究

　推測統計学を用いた研究は、どうしても「計算」を伴うため、数学が苦手な方に嫌われがちです。ですが、数値で明確に答えが出るということは、研究としてわかりやすく、ある意味で質的研究よりも結果的に論文として認めてもらいやすいかもしれません。検定や分析は難しく見えたり聞こえたりしますが、PCのソフトの使い方を覚えれば、数学が苦手な方でもほとんどの方が使えるようになることが可能です。

　質的研究は、どうしても主観的要素を完全には抜くことができないため、いかに科学的・客観的であることを確保することができるか、ということが重要になります。質的研究法も複数ある中から、最も適当と思われるものを探し、時間をかけて精緻に研究を行っていきます。

■ 卒業論文や修士論文には、どのような研究が適当か

　卒業論文や修士論文の研究計画を立てる際、上記の事例研究のところでも示したように「認知行動療法が○○に効果的か」や「○○性格検査の作成」といった形で計画される方がおられます。もしくは、「社会に役に立つ研究を」と考えて、行政や企業に協力を仰ぐ研究や、特定の精神疾患の患者さんを集める研究を考える方もおられます。

　ですが、あくまで大学生や大学院生でできることは限られており、心理療法の効果研究や心理検査の作成のような現役で活躍している臨床心理士がすぐさま利用できるような研究をすることは難しいですし、あくまで研究者のひよこか卵でしかないことを自覚せねばなりません。行政や企業に働きかける権力や患者さんを集めるコネクションがあることは稀ですので、通常は直接的に社会の役に立つ研究ではなく、「どこかで役に立てばいいな」程度で結構です。先行研究をもとにして、自分の力やコネクション、大学院で可能な範囲の研究計画を作ることから始めましょう。もし、どうしても研究結果が、かなり社会の役に立つものを研究したい場合は、ぜひ博士課程に進学して、研究を継続していただければと思います。

4-5 相関係数とノンパラメトリック検定

難易度 ★☆☆

● check

キーワード ・ピアソンの積率相関係数 ・無相関 ・ノンパラメトリック検定

過去問題 ⑨22 ⑩22,25 ⑪14,23 ⑮23 ⑯20 ⑰26 ㉔7

　最も気軽に使われる統計手法が、相関係数やノンパラメトリック検定の中のカイ二乗検定です。

● 2変数間の相関を表す相関係数

　心理学の研究を、統計学を用いて数量的に行う時、2つかそれ以上の変数間の関係について調べることがほとんどとなってきます。その際、最もわかりやすく、よく求められやすい関係の一つが相関関係です。相関関係とは、「一方が上がるともう一方も上がる」「一方が下がるともう一方も下がる」といった比例関係や「一方が上がるともう一方は下がる」といった反比例関係といった相互に関連し合う関係のことをいいます。

　AとBという変数があった場合、相関関係がどの程度であるかについて一目でわかりやすくするため、+1.0〜0〜−1.0からなる相関係数というものが統計学では用いられます。いくつかある相関係数の中でもピアソンの積率相関係数(Pearson's product moment correlation coefficient)が最も有名ですので、単に「相関係数」といった場合、一般的にはピアソンの積率相関係数のことを意味します。

● 相関の程度

　ある2つの数列データ(変数)間の相関係数がプラスになる場合には「正の相関」といい、マイナスになる場合は「負の相関」といいます。相関係数では最大が+1.0で最小が−1.0のため、+1.0に近いほど正の相関が強く、−1.0に近いほど負の相関が強いとなります。

　また、相関係数が0.0であると2つの数列データの間に相関関係が見られないということで、「無相関」といいます。相関係数は2つの数列データがお互いに関連しあっているというだけで、因果関係ではないということに留意しておく必要

があります。いずれかが原因でありもう一方が結果であるという仮定がはじめからなされる場合は、後の項で紹介する回帰分析を使う必要があります。

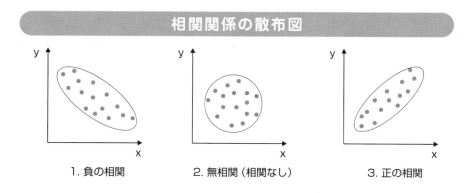

相関関係の散布図

1. 負の相関　　　　　2. 無相関（相関なし）　　　　　3. 正の相関

　つまり、「変数Aが1上がれば変数Bも1上がる」という風に、完全に2つの変数が連動している場合を完全相関と呼びますが、普通は研究の中で完全相関や無相関になることはほぼありえません。完全な相関や完全な無相関がみられなくても、変数Aが上がるのと同時に変数Bも上がったり下がったりする傾向があれば、その傾向が強ければ強いほど相関係数は高くなっていきます（負の相関の場合はマイナス方向になる）。

　変数Aと変数Bの相関係数が高く、変数Aと変数Bの間に相関関係があるように見えても、場合によっては変数Bの背後にある変数Cが変数Bに大きな影響を与えているために、見せかけの相関（疑似相関）を示していることがあります。ですので、本当に変数Aと変数Bの間の相関なのかどうかをよく吟味して考える必要があるでしょう。

◉ 順位相関係数

　相関係数には、ピアソンの積率相関係数だけではなく、スピアマンの順位相関係数（Spearman's rank correlation coefficient, ρ）やケンドールの順位相関係数（Kendall tau rank correlation coefficient, τ）といったものもあります。順位相関係数とは、先に述べた順序尺度からなる変数間において相関関係があるか調べるものです。調べたい変数が間隔尺度や比率尺度である場合はピアソンを用いますが、調べたい変数が順序尺度である場合はスピアマンやケン

ドールを用いるようにしましょう。

◉ 偏相関係数

相関係数の中に、偏相関係数と呼ばれる種類の相関係数があります。偏相関係数とは、xとyの間の相関係数をみる際、同時に存在するzという変数によって、xとyの間の相関係数が減っている可能性がある場合に使用する相関係数です。つまり、第3の変数であるzの影響を取り除くことによって、xとyの間のできる限り純粋な相関係数をみようとするものです。

◉ ノンパラメトリック検定とは

ノンパラメトリック検定について考える場合、まずはパラメトリックやノンパラメトリックとは何か、について知っておかなければいけません。パラメトリックとは、その変数が特定の分布に従うことが明らかになっていることを指し、正規分布を仮定している場合などはパラメトリック検定を使うことができ ます。それに対して、ノンパラメトリックとは、分布が明らかになっていない場合を指すため、ノンパラメトリック検定では**順序尺度**や**名義尺度**といった尺度水準の変数に使う検定方法ということができます。

ノンパラメトリック検定の中でよく用いられる方法として、カイ二乗検定(χ^2検定)というものがあります。カイ二乗検定とは、**クロス集計表**（2×2のクロス集計表が多い）を用いて、母平均間における比率に有意な差があるかを求める検定で、**適合度の検定**と**独立性の検定**とがあります。

適合度の検定	クロス集計表を用いて、理論値と観測値の比率のズレについて検定するもの。例えば、日本人の血液型の人口割合の理論値として、A型40%、O型30%、B型20%、AB型10%というものが想定されていた場合、観測値が同じように40％：30％：20％：10％の近似となるか、有意な差（ズレ）があるかを確かめるなど。
独立性の検定	クロス集計表を用いて、変数Aと変数Bの比率が互いに独立しているかどうかを検定するもの。例えば、ある質問項目の「はい」「いいえ」の割合が、性別で分けた場合に男女で有意に差があるか、差がみられないかについて確かめるなど。

● ウィルコクスンの符号順位検定（Wilcoxon signed-rank test）

ノンパラメトリック検定のひとつで、**マン・ホイットニーのU検定**（Mann-Whitney U test）も実質同じものです。サンプルが正規分布に従わない場合や、片方の母集団の母数が大きいときなど、t検定を行う際の仮定が満たないときに使います。

● クラスカル・ウォリス検定
（Kruskal-Wallis one-way analysis of variance）

正規分布に従わない場合に行うノンパラメトリック検定のひとつで、一元配置の分散分析にあたる中央値の差の検定です。3群以上の差について用いることができます。

発展編

■ カイ二乗検定の問題を解こう！

　相関係数と同じく、基礎編で学んだカイ二乗検定を、ここでは実際の例を使って計算することから理解を深めていきましょう。

カイ二乗検定の数式

$$\chi^2 = \sum \frac{(O-E)^2}{E}$$

カイ二乗検定

　適合度の検定：理論値と観測値の比率のズレについての検定。

　例：日本人の血液型の人口割合の理論値として、A型40%、O型30%、B型20%、AB型10%が想定されている。日本人に対し、無作為に血液型を尋ねたところ、以下（実測値）のようになった。

	A型	O型	B型	AB型	合計
理論値	40	30	20	10	100
実測値	35	31	19	15	100

＊ここではわかりやすくするため、合計が全て100になるような例を作成しています。

$$\frac{(35-40)^2}{40} + \frac{(31-30)^2}{30} + \frac{(19-20)^2}{20} + \frac{(15-10)^2}{10} = 3.208333\cdots (\fallingdotseq 3.21)$$

　この場合、（A型、B型、O型、AB型）と4種類のため、4－1で自由度は3になるので、カイ二乗分布表から、自由度df＝3で有意水準5%のところを見ると、7.81と書い

てあることがわかります。3.21は7.81と比べて小さな値ですので、「有意差はなし」ということができます。

＊算出されたカイ二乗値が、カイ二乗分布表にある数値よりも大きい場合、カイ二乗検定において「有意差がある」ということになり、小さい場合「有意差がない」ということとなります。

独立性の検定：クロス集計表を用いて、変数Aと変数Bの比率が互いに独立しているかどうかを検定するもの。例えば、ある質問項目の「はい」「いいえ」の割合が、性別で分けた場合に男女で有意に差があるか、差がみられないかについて確かめるなど。

	賛成	反対	合計
男性	37	63	100
女性	61	39	100
男女計	98	102	200

＊ここではわかりやすくするため、合計が全て100になるような例を作成しています。

　自由度は（賛成と反対）から、df=1のため、カイ二乗分布表より自由度1で有意確率5%のところを見ると、3.84146と書いてあるのがわかります。48.92は3.84146より大きい値のため、「有意差あり」ということが言えます。

$$\frac{(61\text{-}37)^2}{37} + \frac{(39\text{-}63)^2}{63} + \frac{(61\text{-}37)^2}{61} + \frac{(39\text{-}63)^2}{39} = 48.9222784\cdots(\fallingdotseq 48.92)$$

カイ二乗分布表

df	有意水準（両側検定）		
	10%	5%	1%
1	2.71	3.84	6.63
2	4.61	5.99	9.21
3	6.25	7.81	11.34
4	7.78	9.49	13.28
5	9.24	11.07	15.09
6	10.64	12.59	16.81
7	12.02	14.07	18.48
8	13.36	15.51	20.09
9	14.68	16.92	21.67
10	15.99	18.31	23.21
⋮	⋮	⋮	⋮

この値は、森・吉田(1990)より部分転載。

第4章　心理学的研究法と心理統計

4-6 t検定と分散分析

難易度 ★★★

● check

キーワード　・t検定　・分散分析　・F検定

過去問題　⑪14　⑮23　⑲9　⑳6　❸10

　ここで学ぶ検定・分析法は、母集団間の平均値の差について調べるものです。統計手法の中で最もメインで扱われることが多いと言っても過言ではありません。

◉ 平均値の差を測定するt検定

　有意差を調べるパラメトリック検定で、よく使われるものがt検定（t-test）です。t検定とは、2グループ（群）間の平均値の差が有意であるかについて検定するものです。例えば、性別によって最高血圧の毎日の平均値間に有意な差があるのか、クラスによって成績の平均値間に有意な差があるのかなど、グループ間の平均値差が有意な差があるのか誤差なのかについて求めます。上記のようなグループ間で対応する人物がおらず、独立するグループ間の差を求める場合のt検定を「対応のないt検定（independent t-test）」といいますが、それに対してグループ間で対応する人物がおり、それぞれの人物が同一である場合（実験前と実験後の平均値差、1年前と現在の平均値差など）のt検定を「対応のあるt検定（paired t-test/dependent t-test）」といいます。

◉ 対応のないt検定

　例えば、性別による最高血圧の平均値を検定する場合、男性の血圧平均値が115で女性の血圧平均値が120の場合、5の差しかありませんので単なる誤差かもしれません。もし平均値差が男性105と女性125と20の差があればどうでしょうか？どのくらい差があれば十分な差、有意な差といえるでしょうか？それを統計学的に求め、有意な差か誤差かを有意水準を元にして判断する検定を**対応のないt検定**といいます。

質的研究法による分析法

キーワード ・KJ法 ・グラウンデッドセオリー ・テキストマイニング

過去問題 ㉑14 ㉖17 ㉚9 ❷14

　観測値を数量的に分析する方法と異なり、観測値が数字に変換できないものに対して研究を行いたい場合、質的な分析法を用います。

● 質的研究法

　質的研究法は、対象の特徴や生じている現象を数値に置き換えて捉える量的研究法とは異なり、インタビューや観察などを通して**数値以外の形（主にテキスト形式）で捉えていく研究手法です。**つまり、データの記述の仕方（数値 or テキスト）が異なるのです。質的研究はいくつかの事例から仮説をあぶりだす仮説生成型の研究に向いている一方で、量的研究は多くの人たちから得られたデータについて統計を用いて分析し、仮説を確認していく仮説検証型の研究に向いています。また、質的研究は、主に対象者への直接的なインタビューによって実施されるため、個々の事例のありようをできるだけ損なわず取り上げることができるというメリットがある一方で、量的研究に比べ調査できる人数が限られてしまうことから、個々の事例の特殊事情にとらわれてしまう可能性もあるというデメリットもあります。これに対して、量的研究は、調査人数が比較的多いため、個々の特殊事情にとらわれずに全体的な傾向をつかむことができるというメリットがある一方で、現象を数値に置き換えてしまうために、各事例のありようから微細な部分を取り上げることが難しくなるというデメリットがあります。

　以上述べてきたように質的研究と量的研究は相補的な関係にあることから、目的に応じて両方の研究を使い分けて実施していくことが、対象（ある現象）を理解していくことにおいて本来あるべき姿であるといえるでしょう。質的研究を行う上で特に気をつけるべきことは「いかに客観的な研究とするか」ということです。研究が主観的なものとなってしまっては、科学とは言いづらくなってしまうので、どのような分析を実施していくかは非常に重要になっていきます。以下には質的研究における分析手法として主なものを挙げておきます。

KJ法（KJ method）	文化人類学者の川喜田二郎が考案した手法。データがたくさんある場合に、それをまとめ、新たに発想をえるための手法。アイデアをカードなどにすべて書き出し、それをグループ化し、グループ同士のつながりなどを検討していく。
グラウンデッド・セオリー（grounded theory）	社会学者のストラウスとグレイザーによって考案された手法。ある理論を基にデータを分析していくのではなく、採取されたデータを基にして概念を作りだし、概念同士の関連を見つけて理論を導き出していく手法。
テキストマイニング	テキストとして書き起こされたデータを用い、そこから有効な情報をコンピュータを用いて抽出するため、文章を単語に分けてカテゴリ化を行う手法。
事例研究	特定の事例に焦点を当てて、そこで生じたことについて記述をしていく（個性記述）が、それにとどまらず、個別の事例を通して仮説の生成やモデルの構築を行い一般化を目指していく方法である。事例研究はサンプル（またはデータ）が少ないのが通常であるが、一般化を目指すという点では、事例の数を増やして偏りを是正したり、量的研究を補完的に用いたりすることができる。
エスノグラフィー	文化人類学と社会学の分野で確立されていった研究手法で、研究対象である人々・社会のありのままの理解を目的とする。研究者は外の人としての視点を持ちつつ、自身もそこでの生活に参加し、生活者の視点から生活世界や意味世界を探る。参与観察法を中心に面接法、調査法、文献収集など、複数の技法が組み合わされることが多い。
ライフストーリー・インタビュー	対象者の過去の体験、つまり人生についてインタビューを行い、語りからその人にとっての生活世界や社会、アイデンティティを理解するための研究方法。インタビューの他に自伝、日記、手紙といった個人的なものも資料源として利用可能である。例えば、戦争を体験した人にライフストーリー・インタビューを行い、その人から見た生活世界や社会について理解を深めていく。

グループ・インタビュー	複数のメンバーでグループを作って、互いに経験を語り合ったり、他のメンバーの発言に対して質問を行ったりすることで、メンバー間の相互作用を促し、より掘り下げた情報を得る手法である。フォーカス・インタビューとも呼ばれる。グループは4人から8人程度が適当である。グループで行うため、個人よりもリラックスして参加できる、他人の発言によって自分の考えが喚起され意見を出せるといったメリットがある。
アクション・リサーチ	調査者が研究対象となる現場（フィールド）に何らかの働きかけ（アクション）を行い、それに対してどのような反応が返ってくるかに注目する方法である。調査者は現場からのフィードバックを元に改善策を練って、さらに働きかけることで、現場における問題の解決と新たな知見を生み出すことを目的とする。

第4章 心理学的研究法と心理統計

発展編

■ 公認心理師・臨床心理士にとって質的研究とは

　基礎編では、いくつかの質的研究法を紹介しました。質的研究は、今、この瞬間にどのような介入をするべきなのか、といった疑問に応えられる実践モデルを生成し、さらに実践の中で検証し、精緻化していく営みと考えられます。

■ 代表的な質的研究法

　ここでは、代表的な質的研究法の一つとして、**グラウンデッド・セオリー（Grounded Theory Approach：GTA）** を取り上げます。

　GTAの目的は、①データから理論を生成すること、②現在ある理論を修正・拡大すること、③2つまたは3つ以上の概念の関係を明らかにすること、④何が起こっているかを説明するために、調査をしている現象について系統的な観点を提示すること、が挙げられます。

■ GTAの特徴

・今までに発展してきた考えに代わるような見通しを得ることができる。

・継続比較分析という研究スタイルを用い、研究者は研究を通して、類似と相違、関係性という観点でデータの各部分をほかのすべてのデータと比較していく。

・全てのデータがコード化され、カテゴリー化され、このプロセスから主要な概念や構成概念が形成される。

・研究者は、研究のストーリーラインを見出すために、出現してきた考えをつなぐ主要なテーマの探索を続ける。

■ GTAの基本的な進め方

① テープ起こし（逐語記録の作成）

② データの読み込み（複数回）

③ データの切片化

④ 切片化されたデータの結合（一般事項と特殊事項の分類）

⑤ 図解化（コード間の関係図、普遍化⇔特殊化、一般法則、科学的知見の獲得）

⑥ 文章化（一般法則・科学的知見の説明）

⑦ メンバー・チェックとピア・チェック
⑧ 分析・成果発表・評価

■修正版グラウンデッド・セオリー（M-GTA）

　木下康仁は、GTAの研究論、認識論、技法において独自に修正を行ない、実践しやすいように改善した修正版グラウンデッド・セオリー・アプローチ（M-GTA：Modified Grounded Theory Approach）を提唱しました。

　オリジナルのGTAとの違いは、切片化がなく、コーディングもオープン・コーディングと選択的コーディングのみであり、切片化の代わりに、「分析ワークシート」を導入しているところです。

トのみの改訂を加えたText Revision）という意味です。DSMは、第3版のDSM-IIIから操作的診断基準が採用されるようになりました。ここでは、「操作的」とは疾患を原因から分類せず、症状によって分類するという意味に該当します。精神疾

多軸評定（DSM-Ⅳ）

Ⅰ軸　臨床疾患
Ⅱ軸　パーソナリティ障害・精神遅滞
Ⅲ軸　一般身体疾患
Ⅳ軸　心理社会的および環境的問題
Ⅴ軸　機能の全体的評定（GAF）

患という特性上、原因を特定したり、他の疾患と区別したりするのが難しいという理由から、このように定められました。

　また、DSM-Ⅳ-TRでは5軸から成る多軸評定という方法も採用されていましたが、DSM-5ではこの方法は廃止されました。

◉ 国連の診断基準

　WHO（世界保健機関）は、ICD-11（国際疾病分類第11版：International Statistical Classification of Diseases and Related Health Problems）という、世界的に用いられている診断マニュアルを作成しています。ICD-11で用いられる診断名の通し番号が、電子カルテと対応しているということも特徴の一つです。ICD-11は2022年より発効となりました。

　なお、ICD-11は精神疾患だけではなく、一般身体疾患も一緒に収められています。

◉ 精神科と心療内科

　内科・外科など「〇〇科」と標榜される名称のことを「診療科」と呼びますが、聞き馴染みのある「心療内科」については、「精神科」との違いの認識が一般には薄いようです。多くの病院やクリニックが心療内科を標榜していますが、大学として心療内科講座を持つ医科大学は、九州大学や東京大学をはじめとしたいくつかの大学に限られています。心療内科の名称は日本独自のもので、元々はストレスや心理的な要因で身体にあらわれた症状（心身症）を対象とする内科系の診療科とされてきました。現在は、抑うつ症状などをはじめ、どちらの診療科でも対応しているものもあり、その点で違いが明確でない面もあります。また、来院者の「精神科」という名称に対する抵抗への配慮などから、「心療内科」を併記する精神科医院なども少なくありません。

◉ 向精神薬の歴史と分類

精神科系の治療は、薬物療法が現在の主流となっています。精神科の薬物使用は1952年に**クロルプロマジン**の精神科治療における有用性が偶然に発見されたことや、1957年に**イミプラミン**の内因性うつ病への効果が国際精神医学会で発表されたことなどに始まるため、まだまだ歴史は浅いといえます。それまでは精神科の薬物が存在しなかったため、精神療法（精神科医が行う心理療法のこと）のほか、電気ショック療法、インシュリン療法、カルジアゾール痙攣療法などが使われていましたが、徐々にそれらは衰退していきました。

精神療法に対して効果を発揮する薬物のことをまとめて**向精神薬**といいます。向精神薬とは大きく分けると、抗精神病薬、抗不安薬、抗うつ薬、抗てんかん薬、睡眠導入剤、抗認知症薬、抗パーキンソン薬、抗躁薬などに分けることができます。向精神薬は、脳内の神経伝達物質（ドーパミン、セロトニン、アセチルコリン、ノルアドレナリン、アドレナリン、ＧＡＢＡなど）や、その受容体などに影響を及ぼしていると考えられています。

◉ その他、精神医学で使われる用語

- **退却神経症（Retreat neurosis）：医師の笠原嘉が提唱**

周りから期待されるような役割から退却してしまい、無気力、無関心を呈する状態を指す神経症のことです。これは日本独自のものであり、DSMには掲載されていません。

- **創造の病（Creative illness）：エレンベルガーが提唱**

いわゆる天才と呼ばれる人は心を病みやすく、一旦精神的に閉鎖された世界に閉じこもってしまうことがあります。そういった状態はしばらく続きますが、ある時突然に回復が訪れ、その瞬間に新しい精神世界が発見され、それとともに爽快感を味わいます。

- **温熱性発汗と精神性発汗**

私たちは暑い時に汗をかきますが（発汗）、そのような暑さによって汗をかく部分は、手でいうと手の甲の部分です。こうした発汗を**温熱性発汗**といいますが、それに対して精神的なストレスや緊張などによって手のひらの部分に汗を

かくことを**精神性発汗**といいます。

● 抗精神病薬（メジャー・トランキライザー）

抗精神病薬は、統合失調症や双極性障害の躁状態などの治療に使われる薬物の種類で、**統合失調症の陽性症状は脳内のドーパミン過剰によって生じるという仮説（ドーパミン仮説）**のもと、ドーパミン受容体に作用する様々な抗精神病薬が開発されています。1950年代からの初期に開発されたものを「定型（第一世代）」、1970年代以降の新しい時期に開発されたものを「非定型（第二世代）」と呼び、前者の主な副作用である**錐体外路症状**（筋緊張の亢進、自発運動の低下などの中枢神経症状）が少ないという特徴などから、現在は後者が優先的に選択されます。

副作用として現れる主な錐体外路症状	主な特徴
急性ジストニア	不随意な持続性の筋収縮で、眼球上転（勝手に眼球が上を向く）、舌突出（ろれつがまわらない）、頸部後屈（首が反り返る）などが起きる。
アカシジア	むずむずするような異常知覚を四肢や体幹などに感じて、じっとしていられない状態になる。静座不能症とも訳される。
パーキンソニズム（パーキンソン様症状）	筋固縮、振戦、無動（動きが遅い）のパーキンソン病の3大徴候のうち2つ以上が発現する。薬の副作用を指し薬剤性パーキンソニズムとも。
遅発性ジスキネジア	抗精神病薬等の長期間使用により出現する。唇をすぼめる、口をもぐもぐさせるなど口の周囲や顔面を中心とした異常運動が繰り返される。

● 抗うつ薬

抗うつ薬は、1957年に発見されたイミプラミンから始まり、クロミプラミン、アミトリプチリンなどの三環系抗うつ薬が使われるようになりました。一方、三環系抗うつ薬の副作用（口渇や便秘などの抗コリン作用）が強いことがネックであったため、ミアンセリンやトラジドン、セチプチリンなど、より副作用の少ない四環系抗うつ剤が登場しました。

四環系抗うつ薬が出てきて間もなく、1980年代後半に出てきたプロザックが

爆発的成功を収め、四環系抗うつ薬よりも更に副作用の少ないといわれるSSRI（選択的セロトニン再取り込み阻害薬）が、現在まで「うつ病治療の第一選択薬」として使われるようになっています。抗うつ薬は、セロトニンのシナプスへの再取り込み阻害作用があるとされ、セロトニン仮説によって支持されています。また、その後もSNRI（セロトニン・ノルアドレナリン再取り込み阻害薬）やNaSSA（ノルアドレナリン・セロトニン作動性抗うつ薬）などの種類の抗うつ薬も出てきたことにより、抗うつ薬の選択の幅が広がってきました。

　SSRIの副作用には、**セロトニン症候群**（不安や興奮、いらいら、動き回るなどの精神症状、震える、体が固くなるなどの錐体外路症状、発汗、下痢などの自律神経症状を呈し、時には死に至る危険性がある）、**悪性症候群**（高熱、発汗、筋強剛、振戦、意識障害、血圧の急激な変化等をきたす。早期の診断・治療が必要）のほか、急に服薬を止めると退薬症状が出ることが多く、通常は少しずつ服薬要領を減らしていきます。

　そのほか、**スルピリド**はもともと胃薬として使用され、低用量で胃潰瘍や十二指腸潰瘍に効き、中用量でうつ病に効くとされ、高用量で統合失調症に効くとされる薬物です。

◉ 抗不安薬（マイナー・トランキライザー）

　不安や強迫症状に対して使われる薬剤です。よく使われる抗不安薬は、「ベンゾジアゼピン系」と呼ばれるものがあり、それ以外のものを「非ベンゾジアゼピン系」と呼びます。前者は、後者と比較して、総じて薬効が強い半面、依存や離脱症状その他の副作用が強いという傾向があります。

抗不安薬の効果として、抗不安作用・筋弛緩作用・鎮静作用があり、筋弛緩作用の強い抗不安薬や長時間型の抗不安薬は、高齢者に用いると転倒などの危険が伴うため、注意が必要です。

　また、筋弛緩剤として、睡眠導入剤として抗不安薬が使われることも少なくありません。依存や乱用につながらないように、気をつけて使う必要があります。デパス、リーゼ、ソラナックス、メイラックスなどがよく使われます。

抗てんかん薬

抗てんかん薬は、「てんかん」と呼ばれる慢性神経疾患に対して使われる薬。反復したてんかん発作（神経細胞の異常興奮による）を抑えるために使われます。てんかん以外の疾患に使われることも少なくなく、躁うつ病やパーキンソン病、怒りや強い不安が生じる場合などに使われることがあります。抗てんかん薬でよく使われるものとして、ランドセンやデパケンなどがあります。

抗認知症薬

認知症の進行を遅らせるといわれている薬。認知症は、一般的には、不可逆的であるため※、進行した認知症を前の状態に戻すことはできず、完全に認知症の進行を止めることはできないとされてきました（※原因疾患その他により差異があることが最近は認められ、「不可逆性」については、認知症の定義から外される傾向にあります）。そのため、抗認知症薬は、専らその進行を少しでも遅らせるために使われます。アリセプトが長らく使われていましたが、最近はレミニール、メマリー、イクセロンパッチといった薬も使われるようになりました。

睡眠薬

その名の通り、入眠が難しい人や中途覚醒・早朝覚醒など途中で目が覚めてしまう際に使われます。抗不安薬と同じく、「ベンゾジアゼピン系」と「非ベンゾジアゼピン系」に分けることができます。血中半減期の違い（超短時間型、短時間型、中時間型、長時間型）によって使い分けられます。ハルシオン、マイスリー、その他抗不安薬で使われるようなマイナー・トランキライザーが使われることも多くあります。

気分安定薬

主に双極性障害の気分の浮き沈みに対して使う薬。炭酸リチウムが代表的な治療薬として使われますが、リチウム中毒になることを防ぐため、血中濃度のモニターを定期的に行う必要があります。双極性障害Ⅱ型の場合、うつ病と誤診されて抗うつ薬が処方されることがあり、気分安定薬に処方が変更されることで、改善されることも少なくないといわれています。
製品としてはリーマスがよく使われます。また、双極性障害には抗てんかん薬のランドセンやデパケンもよく使われます。

発展編

オイゲン・ブロイラー(Eugen Bleuler)

スイスの精神科医。エミール・クレペリンの「早発性痴呆」を「統合失調症 Schizophrenia(スキゾフレニア、旧称・精神分裂病)」としました。精神分析のフロイトを認め、フロイトのもとにユングを紹介します。

彼は、「4つのA」として統合失調症の主症状を考えました。

観念連合の障害 (loosening Association)	観念・考えを適切な形で統合することが難しくなることで、考えや言動、行動にまとまりがなくなり、支離滅裂な発言内容や奇妙なコミュニケーションになってしまう障害。連合弛緩、滅裂思考と呼ばれるもの。
自閉性 (Autism)	現実世界から離れ、対人関係を持つことを極力避けて社会との接触を絶ってしまう障害。拒絶、自閉と呼ばれるもの。
感情の障害 (blunted Affection)	感情が薄くなって感じにくくなったり、感情を表現したりしなくなる障害。感情鈍麻、感情の平板化と呼ばれるもの。
両価性 (Ambivalence)	好きと嫌い、愛と憎しみのような、矛盾する全く逆の感情を同時に抱く状態で、結局どうすればいいのかわからなくなる障害。カタカナでアンビヴァレンスとも呼ばれる。

エミール・クレペリン(Emil Kraepelin)

ドイツの精神科医。彼は、精神障害を「器質性精神病」、「内因性精神病」、「人格偏倚と反応状態」の3つに分け、またその内因性精神病を「早発性痴呆」と「躁うつ病」、「てんかん(後に除外)」とに分けました。元々提唱されていたヘッカーの破瓜病、カールバウムの緊張病に、妄想病を統合し、現在の統合失調症を「早発性痴呆Dementia praecox」と名づけました。作業曲線の研究からクレペリン・テストを作り、日本で性格検査として用いられる内田クレペリン精神作業検査の元となっています。

カール・ヤスパース(Karl Theodor Jaspers)

ドイツの精神科医で哲学者。哲学者のキルケゴールの影響を強く受けた実存主義哲学の権威とされています。「了解」という概念を提唱し、完全に理解することのできない相

手(医師にとっては患者)に対し、できるだけ相手の心・考えに近づき、できうる限りの「了解」を試みました。「了解不可能」とは、たとえば統合失調症のような幻覚妄想など、追体験することができないものに対して「(理論的に)説明する」ことができない場合に用います。

クルト・シュナイダー(Kurt Schneider)

　ドイツの精神科医で大学教授。統合失調症の診断や症状の解釈について研究し、複数の陽性症状について「一級症状」という名前をつけ、今は「シュナイダーの一級症状」とも呼ばれます。彼は、統合失調症とその他の疾患を弁別することに関して多大な貢献をしました。また、シュナイダーはよく見られる精神病質を10種類に分類しました。

発揚	楽天的で軽躁的
抑うつ	悲観的で自己否定的
自信欠如	自己への不安定さ、強迫的な不確実感
狂信的	ある対象に対して熱狂的、狂信的になる
自己顕示的	自分を優れているように見せようとヒステリックになる
気分不安定	気分が良くなったり悪くなったり(抑うつ)安定しない
爆発的	衝動を抑えられず爆発しやすい
情性欠如	感情が乏しく冷酷で無関心
意志薄弱(意志欠如)	周りの意見に流されやすい
無力的	無気力で心気症的でおとなしい

■向精神薬一覧

主な向精神薬の一般名・商品名・副作用その他

一般名	主な商品名	副作用など
抗精神病薬		
定型抗精神病薬		錐体外路症状
クロルプロマジン塩酸塩	コントミン	過鎮静（眠気、ふらつき など）
ハロペリドール	セレネース	自律神経症状（低血圧 など）
非定型抗精神病薬		消化器症状（便秘 など） 内分泌症状（肥満、糖尿、月経異常 など）
リスペリドン	リスパダール	
オランザピン	ジプレキサ	肝障害
アリピプラゾール	エビリファイ	悪性症候群
抗うつ薬		
SSRI（選択的セロトニン再取込み阻害薬）		消化器症状（吐気、嘔吐）、賦活症候群（神経過敏、不安、焦燥）、セロトニン症候群、悪性症候群
パロキセチン塩酸塩水和物	パキシル	
塩酸セルトラリン	ジェイゾロフト	
SNRI（選択的セロトニン・ノルアドレナリン再取込み阻害薬）		消化器症状（吐気、嘔吐）、排尿困難、賦活症候群
ミルナシプラン塩酸塩	トレドミン	
デュロキセチン塩酸塩	サインバルタ	
NaSSA（ノルアドレナリン作動性・特異的セロトニン作動性抗うつ薬）		消化器症状（吐気、嘔吐）、眠気、食欲（体重）増加、賦活症候群
ミルタザピン	レメロン ／ リフレックス	
三環系抗うつ薬		抗コリン作用（口渇、便秘など）、血圧低下、ふらつき、立ち眩み など
イミプラミン塩酸塩	トフラニール	
アミトリプチリン塩酸塩	トリプタノール	
四環系抗うつ薬		抗コリン作用（口渇、便秘など）血圧低下、ふらつき、立ち眩みなど ※抗コリン作用は三環系より弱い
マプロチリン塩酸塩	ルジオミール	
ミアンセリン塩酸塩	テトラミド	
その他		錐体外路症状、高プロラクチン血症（月経異常など）
スルピリド	ドグマチール	
気分安定薬		

第
5
章
・・・・・・
精神疾患とその治療

炭酸リチウム		リーマス	急性リチウム中毒、振戦、脱力、嘔気など
バルプロ酸ナトリウム		デパケン	眠気など
ラモトリギン		ラミクタール	眠気、めまい、嘔気 など
抗不安薬			
エチゾラム		デパス	眠気、ふらつき、脱力、依存性、離脱症状など
アルプラゾラム		ソラナックス	
抗てんかん薬			
バルプロ酸ナトリウム		デパケン	眠気、めまい、食欲不振、嘔気、嘔吐など
ラモトリギン		ラミクタール	
クロナゼパム		ランドセン	
抗認知症薬			
ドネペジル塩酸塩		アリセプト	食欲不振、嘔気、下痢、過敏、過敏症など
ガランタミン		レミニール	食欲不振、悪心、嘔吐、下痢など
メマンチン塩酸塩		メマリー	めまい、食欲不振、頭痛、傾眠、易怒性など
睡眠薬			
超短時間型	トリアゾラム	ハルシオン	眠気、ふらつき、脱力　依存性、離脱症状 など ※非ベンゾジアゼピン系は、依存性耐性が比較的少ない
	ゾルピデム	マイスリー	
短時間型	ブロチゾラム	レンドルミン	
中間作用型	フルニトラゼパム	サイレース	
長時間型	クアゼパム	ドラール	
中枢神経刺激薬　※主にADHD治療薬			
メチルフェニデート塩酸塩		コンサータ	食欲減退、不眠症、頭痛、腹痛、悪心など
非中枢神経刺激薬　※主にADHD治療薬			
アトモキセチン塩酸塩液		ストラテラ	頭痛、食欲減退、傾眠、悪心、口渇など
グアンファシン塩酸塩徐放錠		インチュニブ	傾眠、頭痛、口渇、眩暈、倦怠感など

5-2 抑うつ障害、双極性障害、不安症、強迫症

難易度 ★★★

● check

キーワード　・うつ病性障害・双極性障害・パニック障害・恐怖症

過去問題　⑦9,22 ⑩28 ⑬16 ⑮29,58 ⑯94 ⑱37 ㉓94,95,96 ㉔12 ㉙32,95

　臨床心理士・公認心理師が関わるクライエントの中には精神科に通院している方も少なくありません。精神疾患の中でも、ここでは抑うつ障害、双極性障害、不安症、強迫症のご紹介をします。

◉ 気分障害という分類

　気分障害とは、ある一定の期間にわたって気分が高揚したり、気分が落ち込む抑うつが見られるもので、いくつかの診断名がありますが、その中でも代表的なものとして、うつ病（大うつ病性障害）と躁うつ病（双極性障害）の2つがあります。ちなみにDSM-5では、これらはクラスターが抑うつ障害と双極性障害および関連障害群とに分かれることとなりました。

◉ うつ病（大うつ病性障害）

　いわゆる「うつ病」のことです。抑うつエピソードと呼ばれる状態を、1回もしくはそれ以上経験することによって診断がなされます。

　抑うつエピソードとは、以下の9つのうち5つ以上の症状を示し、少なくとも1つは「抑うつ気分」または「興味または喜びの喪失」を含むものです。

・ほとんど1日中、ほとんど毎日の抑うつ気分
・ほとんど1日中、ほとんど毎日の興味、喜びの著しい減退
・著しい体重の減少、もしくは過多（1ヶ月で体重の5％以上の変化など）
・ほとんど毎日の不眠、もしくは過眠
・ほとんど毎日の精神的焦燥、もしくは制止
・ほとんど毎日の疲労感（疲れやすさ）、もしくは気力の減退
・ほとんど毎日の無価値感、過剰か不適切な罪責感
・思考力や集中力の減退、もしくは決断困難がほとんど毎日みられる

・死についての反復思考、自殺念慮、自殺企図、自殺のはっきりした計画

うつ病

● うつ病の原因・発症時期

　うつ病の原因に関しては、現在セロトニン仮説が有力ですが、未だ仮説に過ぎません。脳内の神経伝達物質セロトニンが、脳内のニューロンにあるシナプスから放出されますが、そのセロトニンを再利用するためにシナプスが再取り込みし過ぎてしまうという仮説です。最近はセロトニン仮説を含むモノアミン仮説が、研究により否定されてきていることもあり、原因については未解明な部分が多くあります。発症時期は10歳代前半から始まるといわれ、10歳代後半に最も多くみられ、女性の方が男性よりも約2倍程度多いといわれています。

● うつ病の3つの種類と病前性格

　うつ病には、外因性のうつ病、心因性のうつ病、内因性のうつ病の3種類があるといわれています。外因性のうつ病とは、外傷などによる外的な原因によってうつ病の症状を呈している状態のことを指します。心因性のうつ病とは、ストレスフルなイベントに直面し、その反応としてうつ病を生じさせている状態のことを指します。内因性のうつ病とは、外因性でも心因性でもないもので、原因がはっきりしないうつ病のことを指し、遺伝的な原因なども示唆されています。実際にうつ病を疑われる際は、まず外因性のうつ病ではないかを除外するために、

必要があればMRIなどの検査を行うこともあります。外因性とは考えにくい場合、はじめて心因性や内因性のうつ病を疑うことになります。

うつ病になりやすい性格（病前性格と呼ぶ）として、几帳面のほか、**テレンバッハ**（Tellenbach,H.）が提唱した**メランコリー親和型性格**（完璧主義、過剰な人への気配り）、**下田光造**が提唱した**執着気質**（凝り性、熱中性、責任感）が多いとされています。うつ病のきっかけとして、失職や災害、親しい人の死などの悲しいショックな出来事のほか、昇進や結婚、出産といった嬉しい出来事が重なることでも発症することがあり、人生の大きな変化が起きることが関連しているといわれています。

● 双極性障害（躁うつ病）

一般的には躁うつ病と呼ばれることが多い精神疾患。前述した抑うつエピソードと呼ばれる状態と、軽躁あるいは躁病エピソードと呼ばれる状態を、繰り返していることが診断の条件です。双極性障害は、**双極Ⅰ型障害**と**双極Ⅱ型障害**とに分かれており、**双極Ⅱ型障害**は大うつ病とも間違われやすいので注意が必要です。

躁病エピソードとは、以下のAを示し、Bの7つのうち3つ以上（単に易怒的な場合は4つ）の症状を示すものです。

A　気分が異常かつ持続的に高揚し、開放的もしくは易怒的な（怒りやすい）状態が起きる、普段とは異なる期間が少なくとも1週間、一日の大半において持続する。

B　気分障害の期間中、7つのうち3つ以上（単に易怒的な場合は4つ）の症状を示す。

1. 自尊心の肥大、もしくは誇大
2. 睡眠欲求の減少
3. 普段より多弁、もしくはしゃべりつづけようとする
4. 観念奔逸（色んな考えが止めどなく湧き出る）、いくつもの考えのせめぎあい
5. 注意散漫
6. 目標志向性の行動の増加や、精神運動性の焦燥
7. まずい結果になる可能性のある快楽的活動の増加（性行動やギャンブル、買

いあさりなど）

◉ 双極性障害の原因・発症時期

双極性障害に関しては、関連遺伝子を複数持ち、ストレスなどの外的要因にさらされることによって発症するとされていますが、完全なる遺伝によって伝達される病気としてはみなされていません。神経細胞内のカルシウムイオンの制御機能が異常をきたすことで発症するという仮説もあります。

◉ 双極Ⅰ型障害と双極Ⅱ型障害

双極Ⅰ型障害は、抑うつ状態と躁状態や混合状態が1回みられた場合に診断されます。周りからも双極性障害（躁うつ病）とわかりやすいのがⅠ型です。それに対して双極Ⅱ型障害は、抑うつ状態と軽躁状態のみがみられるもので、軽躁状態は躁状態のように見た目ではわかりにくく、派手な行動もないため、うつ病と誤診されているケースも少なくありません。軽躁状態は社会生活に大きな支障をきたさず、仕事をがんばりすぎてしまうなど、抑うつ状態から一転して活動が増しているようにみられるため、病的とはみなされにくいのが特徴です。

軽躁病エピソードとは、以下のAを示し、Bの7つのうち3つ以上（単に易怒的な場合は4つ）の症状を示すものです。

A　気分が異常かつ持続的に高揚し、開放的もしくは易怒的な（怒りやすい）状態が起きる、普段とは異なる期間が少なくとも4日間、ほぼ毎日一日の大半において持続する。

B　気分障害の期間中、7つのうち3つ以上（単に易怒的な場合は4つ）の症状を示す。

1. 自尊心の肥大、もしくは誇大
2. 睡眠欲求の減少
3. 普段より多弁、もしくはしゃべりつづけようとする
4. 観念奔逸（色んな考えが止めどなく湧き出る）、いくつもの考えのせめぎあい
5. 注意散漫
6. 目標志向性の行動の増加や、精神運動性の焦燥
7. まずい結果になる可能性のある快楽的活動の増加（性行動やギャンブル、買いあさりなど）

その他の気分障害

◉ 持続性抑うつ障害 （Persistent depressive disorder,Dysthymia）

抑うつ障害群に含まれます。元々、抑うつ神経症や気分変調性障害と呼ばれていたものがこれにあたります。うつ病の傾向を示すものの、うつ病の診断基準を満たすほどではなく、2年以上症状が継続するものをいいます。ほとんど1日中、慢性的な抑うつ気分が少なくとも2年間持続し、抑うつ気分の期間中は食欲不振または過食、不眠または過眠、気力低下、疲労、自尊心の低下、集中力の低下、決断困難、絶望感などの症状がみられ、うつ病より病態としては軽いものの、薬物が効きにくいといわれます。

◉ 重篤気分調節症（Disruptive mood dysregulation disorder）

抑うつ障害群に含まれ、慢性的で持続的に怒りやすいことを特徴とする障害。発達的にふさわしくない程度のかんしゃく発作を起こします。家庭、学校、友人関係の2つ以上で激しいかんしゃく発作が見られ、1つは少なくとも顕著なことが挙げられます。

◉ 月経前不快気分障害（Premenstrual dysphoric disorder）

抑うつ障害群に含まれます。ほとんどの月経周期において、月経前の1週間で少なくとも5つの症状がみられます。月経開始後～終了後には軽快するか消失していきます。症状としては、著しい感情不安定性、著しいいらだたしさや怒り、著しい抑うつ気分や絶望感、著しい不安や緊張などが1つ以上存在します。また、以下の症状（興味の減退、集中困難、倦怠感や易疲労感、食欲の著しい変化、過眠か不眠、制御不能感、その他痛みや膨張しているなど身体症状）も1つ以上あり、全て合わせると5つ以上の症状があるものをいいます。

◉ 気分循環性障害（Cyclothymic disorder）

双極性障害および関連障害群に含まれます。躁うつ病の診断基準は満たさないものの、少なくとも2年間にわたり軽躁状態と抑うつ状態を繰り返すものをいいます。躁でもうつでもない普通の状態は2か月続かず、軽躁状態の時は自信過剰で楽観的になったり、イライラが強く気が散りやすい、短い睡眠で十分にな

る、話し出すと止まらないなどの症状が挙げられます。抑うつ状態の時は気分が落ち込み、興味関心の減退、睡眠・食欲の過多もしくは減退、集中力の低下、自殺念慮が生じる、などの症状がみられます。

● 非定型うつ病

　どの診断基準にもうまくあてはまらないが、うつ病のような症状がみられる場合に定型ではないうつ病として、**非定型うつ病**という言葉が使われることがあります。広義では気分変調性障害なども非定型うつ病に含まれ、また最近話題になった"**新型うつ病**"もこの中に含まれます。DSM-5では、「他の特定される抑うつ障害」「特定不能の抑うつ障害」と名前が変更されました。

　新型うつ病は、正式な診断名ではありません。従来のうつ病とは異なり、普段は憂うつな気分がみられるものの、好きなことや興味のあることに関しては元気にできるのが特徴です。夕方から夜にかけて調子を崩したり、過眠傾向、体重増加、イライラして落ち着かないなどの症状があります。

• 不安症とは

　不安症／不安障害（Anxiety disorder）は、元々不安神経症ともいわれていました。DSM-5では、不安症のクラスターの中に、分離不安、選択性緘黙、限局性恐怖症、社交不安症、パニック症、広場恐怖症、全般不安症などを含んでいます。

● 分離不安症／分離不安障害（Separation anxiety disorder）

　家族や両親など、愛着を持っている人から離れにくい子どもは一般的に多くいますが、その中でも、発達的に不適切なほど過剰に不安を示し、パニックを起こすなどする人には**分離不安症（Separation anxiety disorder）**という診断名がつけられることがあります。愛着を持っている人を失う不安や、離れることへの不安のため学校や仕事などに行けない、家を離れて寝ることへの不安などがそこに含まれます。その不安は少なくとも4週間以上、成人では6ヶ月以上持続するものとされています。

第5章　精神疾患とその治療

● 選択性緘黙（場面緘黙：Selective mutism）

単に、シャイであまり話さない子どもや、話すのが苦手な子どもであるわけではなく、通常は話すことができるのに、特定の場所・場面では全く話せなくなることをいいます。

● 限局性恐怖症（Specific phobia）

特定の対象に対する、顕著な強い恐怖が慢性的に続き、それが日常生活に支障をきたすもので、様々な恐怖症があります。女性の方が男性の約3倍多いといわれています。病型としては、動物型（動物や虫など）、自然環境型（高所や水など）、血液・注射・外傷型（血や注射など）、状況型（電車やエレベーターなど）、その他の型（嘔吐や騒音など）の5つに分類されます。

広場恐怖症	暗所恐怖症
社会恐怖症	飛行機恐怖症
対人恐怖症	赤面恐怖症
高所恐怖症	雷恐怖症
歯科治療恐怖症	効果音恐怖症
先端恐怖症	醜形恐怖症
単一恐怖症	嘔吐恐怖症
単純恐怖症	失敗恐怖症
動物恐怖症	放射線恐怖症
閉所恐怖症	その他の恐怖症

● 社交不安症／社交不安障害［社交恐怖］
（Social Anxiety Disorder；SAD, Social phobia）

以前は「社会不安障害」と呼ばれていましたが、社会に不安を抱くというわけではなく、社交関係に不安を抱く障害ということで、2008年より日本語訳が「**社交不安障害**」に変更され、DSM-5では「社交不安症／社交不安障害（社交恐怖）」となりました。社交恐怖とは、他者から注目される状況に対する顕著な恐怖のことをいいます。このような状況で恥ずかしい思いをすることを恐れるあまり、回避行動が増えるようになります。典型的なものでは6ヶ月以上続くとされていま

回る、もしくはBMIが17.5以下であること、DSM-5では、有意に低い体重（期待される最低体重）を下回ること、とされています（DSM-5では、BMIが17.0以下）。

拒食症

　病識が乏しいことが多く、自身へのボディイメージが歪んでいることから、いくら痩せている客観的証拠を見せたとしても、まだ自分は太っていると感じ、体重増加を妨げる行動を続けます。また、その他の特徴として、思考力の低下、産毛などの体毛が濃くなる、顔や手足がむくむ、手の甲に吐きダコができたり、歯が胃酸で溶けてしまうことなどがあります。几帳面でこだわりが強く、完璧主義的な傾向を持つ人がなりやすいと言われています。

　拒食症では、体重があまりに減ってしまうと、栄養失調やその合併症による死の危険性が出てくるため、医療との連携が必要となります。

● 神経性過食症／神経性大食症 Bulimia nervosa

　過食症、ブリミアとも呼ばれます。特徴としては、反復する過食エピソード、体重増加を防ぐための反復する不適切な代償行動（排出行動）、体型および体重によって過度に影響を受ける自己評価が挙げられます。

　具体的には、食べても食べても満腹感を得られず、ひたすら食べ続けてしまうことがあります。また、食べ過ぎてしまった後に、自ら嘔吐を試みることや下剤、利尿剤、浣腸などを使用することによって、体重の増加を防ごうとします。体重増加を防ぐための不適切な行動は、まとめて排出行動あるいはパージングとも呼ばれます。

過食症

● 過食性障害 Binge-eating disorder

　DSM-IV-TRでは「特定不能の摂食障害」に分類されていましたが、DSM-5では独立した精神疾患として新設されました。神経性過食症と異なり、嘔吐などの反復的で不適切な代償行動が見られず、体重と体型に影響を与える目的で、顕著かつ持続的な食事制限を行うことはありません。ダイエットをたびたび試みていることを報告することもあります。

異食症 Pica	1ヶ月以上にわたって、栄養のない非食物を食べる障害。
反芻症/反芻性障害 Rumination disorder	1ヶ月以上にわたって、食べ物を吐き戻しては咀嚼して、再度飲み込んだりを繰り返す障害。消化器系など、他の医学的疾患によるものではない。
回避・制限性食物摂取症/ 回避・制限性食物摂取障害 Avoidant/restrictive food intake disorder	食べて栄養を摂取することを回避し、栄養不足や体重の有意な減少などによって示される障害。

● 心身症者の特徴

　心身症者の行動パターンや心理的特徴として、**タイプA行動型**とアレキシサイミア（Alexithymia）という概念が挙げられます。タイプA行動型とは、フリードマン（Friedman,M.）らによって名づけられ、常に性急で時間に追われ、競争心が激しく攻撃的で一番になりたいと思っており、他者に対して寛容になれないという特徴的な行動パターンをいいます。また、**アレキシサイミア**は1972年に**シフネオス（Sifneos,P.E.）**によって提唱された概念で、日本では**失感情症**もしくは**失感情言語症**と訳されます。感情を言語化することが難しく、具体的・現実的な内容を事細かく並べ立てますが、内的体験が伴いません。

発展編

■ 摂食障害（Eating disorder）

　摂食障害は、DSM-Ⅳにおいては「神経性無食欲症（拒食症）」と「神経性大食症（過食症）」、「特定不能の摂食障害」の3つに大別されていました。DSM-5では、DSM-Ⅳの「特定不能の摂食障害」の下位分類にあった「むちゃ食い障害」が独立し、名称も「過食性障害」と変更されました。

神経性やせ症／神経性無食欲症－摂食制限型－過食・排出型

・年齢や性別、発達、身体の健康状態に対して有意に低い体重に至る。
・有意に低い体重にもかかわらず、体重の増加や肥満への強い恐怖や体重増加を妨げる持続的行動。
・自分の体重や自己評価、低体重の深刻さに対する認識欠如。
・体重を平均よりも15%以上下回るか、もしくはBMIがおよそ17.0未満（ICD-10では、17.5未満）であることで示される。

その他、以下のようなことが特徴的であるとされています。

・病識が乏しい。
・特徴として、ボディイメージの歪みがある。
・体重の減少が進行すると、思考力の低下、生理不順（無月経）、産毛などの体毛が濃くなる、顔や手足がむくむ、などが起こる。
・過食・排出型では、指を喉につっこんで嘔吐するために手の甲に吐きダコができる、口の中や食道が胃酸でボロボロになる、などがある。
・几帳面でこだわりが強く、完璧主義的な傾向を持つ人がなりやすい。
・「成熟すること・女性性の否定」という仮説がある。

神経性過食症／神経性大食症

・通常の食事摂取よりも、明らかに多い分量を食べる。
・食べることを抑制できないという感覚がある。
・不適切な代償行為（嘔吐、緩下剤や浣腸、利尿剤を用いた排出、絶食や過剰な運動）を伴う。

過食性障害

・通常の食事摂取よりも、明らかに多い分量を食べる。
・食べることを抑制できないという感覚がある。
・以下の3つ以上と関連している。「通常よりずっと速く食べる」「苦しいくらい満腹になるまで食べる」「空腹を感じていない時に大量に食べる」「どんなに多く食べているかが恥ずかしいために一人で食べる」「あとになって、自己嫌悪や抑うつ、罪責感を感じる」
・平均3ヶ月に1回は過食がある。
・反復する不適切な代償行為とは関係しない。

■ 摂食障害の心理療法

　摂食障害に使われる心理療法は、家族療法、対人関係療法、認知行動療法などが有名です。家族療法では、必ずしも家族が原因とは考えず、家族の方々に摂食障害への理解とサポートをしてもらえるように環境を整備し、家族内コミュニケーションを変化させていきます。対人関係療法では、重要な他者とのコミュニケーションのパターンを変化させるために、あらかじめ定められたセッション回数で行います。対人関係が変わることによって、不適切な摂食行動をとらずに済むようになっていきます。認知行動療法では、摂食障害に特有の「食事、ボディイメージ、対人関係」などにおける認知の修正を試みて、行動を変容させていきます。

　ただ、過食症の心理療法については、ある程度上記のような心理療法の効果が上がってきていますが、拒食症に関しては同様の心理療法が用いられるものの、あまり治療成績が高くなっていないのが現状です。

■ 摂食障害の心理検査

　摂食障害のための心理検査にはいくつかありますが、そのうちEAT-26（Eating Attitudes Test）は、神経性やせ症の摂食態度や食行動について評価しようとする質問紙検査です。EAT-26は過食についての質問項目に乏しい部分があります。EDI（Eating Disorder Inventory）は、痩せ願望、体型不満、過食、無力感、完全主義、対人不信、内部洞察、成熟恐怖の8つの下位尺度から、神経性やせ症や神経性大食症を包括的に評価しようと試みる質問紙です。

5-5 パーソナリティ障害

難易度 ★ ★ ★

check

キーワード	・パーソナリティ障害
過去問題	⑥2 ⑨29 ⑩29 ⑪53,54 ⑬16,64 ⑭54 ⑰13 ㉓23,25 ㉔10,23,54 ㉕46 ㉗41,43

パーソナリティ障害とは、昔は人格障害と呼ばれていたものです。パーソナリティの偏りが著しい場合、このことが社会生活に支障をきたしてきます。

◉ パーソナリティ障害とは

パーソナリティ障害とは、一般的な人とは明らかに違う考え方や価値観のために、社会生活に困難さを伴う障害のことをいいます。この偏った思考様式や行動は、認知・感情性・対人関係機能・衝動の制御という領域に現れます。

元々は人格障害と呼ばれていましたが、否定的なニュアンスが強いことから、「人格」を英語にして "パーソナリティ障害" と呼ばれるようになりました。

◉ パーソナリティ障害の診断基準

パーソナリティ障害の一般的な診断基準は、社会的逸脱や柔軟性の欠如、社会的または職業的な領域における機能の障害、生涯にわたる言動の持続性などが挙げられます。それらの状態が、他の精神疾患や薬物的または生理学的な作用によって引き起こされた症状でなければ、パーソナリティ障害と診断されます。

◉ DSM-5によるパーソナリティ障害のクラスター分類

DSM-5では、次のように3種類のクラスターに分類されます。

・1. A群パーソナリティ障害

奇妙・風変りを特徴とし、統合失調症に近い傾向をもちます。

猜疑性（妄想性） パーソナリティ障害	他者の行動や言動等を悪意あるものとして解釈するなど、疑い深く不信に満ちたパーソナリティを持つ障害。

| シゾイド（スキゾイド）パーソナリティ障害 | 他者との親密な関係を望まず孤立しがちで、社会的活動に対して無関心なパーソナリティを持つ障害。 |
| 統合失調型パーソナリティ障害 | 他人から理解できない妄想様観念をもち、親密な関係で気楽でいられない特徴のパーソナリティを持つ障害。 |

2. B群パーソナリティ障害

　情緒不安定で演技的な傾向を特徴とするパーソナリティ障害であり、統合失調症と神経症の中間の傾向をもつとされます。

反社会性パーソナリティ障害	社会規範を守らず、他人の権利を無視し侵害することをためらわないパーソナリティを持つ障害。
境界性パーソナリティ障害	著しい情緒不安定性や衝動性を示し、対人関係においても極度な不安定さが特徴的なパーソナリティを持つ障害。
演技性パーソナリティ障害	芝居がかった態度や表現で、他人から注目を浴びようとするパーソナリティを持つ障害。
自己愛性パーソナリティ障害	自己に対する誇大感があり、批判には憤怒や恥の感情を示すパーソナリティを持つ障害。

3. C群パーソナリティ障害

　不安や恐怖が強く、周りの評価を気にする傾向を特徴とするパーソナリティ障害であり、神経症に近い傾向をもちます。

回避性パーソナリティ障害	他人からの否定的評価を恐れ、対人接触を避けるパーソナリティを持つ障害。
依存性パーソナリティ障害	他人に世話を受けることを強く求め、従属的でしがみつく行動が特徴的なパーソナリティを持つ障害。
強迫性パーソナリティ障害	完全主義や過剰な倫理観のために物事を遂行できないパーソナリティを持つ障害。

4. その他のパーソナリティ障害

　A群〜C群で示される10種類のパーソナリティ障害のいずれにも、完全にあてはまらない障害です。「他の医学的疾患によるパーソナリティ変化」と「他の特定されるパーソナリティ障害および特定不能のパーソナリティ障害」とがあります。

発展編

パーソナリティ障害の歴史

コッホ (Koch,J.A.) は、良心が欠落した反社会性の人格を**サイコパス**（精神病質）という用語で定義しました。この定義は、現在の反社会性人格障害とほぼ同義であり、「自己中心性、他者への共感の欠如、反省や良心の不足」などの特徴を持っています。

精神医学の知識を体系化した、ドイツのクレペリン (Kraepelin,E.) は、反社会的なサイコパスについて、「精神病質的人格」という概念で定義しています。クレペリンの精神医学体系に影響を受けたシュナイダー (Schneider,K.) は、統合失調症の診断基準である「**一級症状**」とは別に、統合失調症と精神病質的人格とを完全に分けて、精神病質的人格を10のタイプに分類しました。

一方、アメリカの精神医学会では、精神分析学派の影響から、人格形成の原因は幼少期の子どもと両親との関係にあると考えられていました。フロイト (Freud,S.) が心理・性的発達段階から、パーソナリティについて、**口唇性格、肛門性格、男根期自己愛的性格**を定義づけました。

> ### パーソナリティ障害の心理検査
>
> MMPIやYG性格検査、東大式エゴグラムなどの質問紙性格検査や、ロールシャッハ・テスト、バウムテスト、SCTなどの投映法性格検査が、テストバッテリーを組まれてよく使用されています。

その後、マーラー (Mahler,M.S.) が提唱した発達理論を基に、カーンバーグ (Kernberg,O.) が人格構造論を体系化し、病態水準についても整理することで精神疾患を類型化しました。

■カーンバーグの人格構造論

カーンバーグは、境界性パーソナリティ障害の人格構造や自己愛に関する精神分析で有名です。彼は、転移焦点化精神療法 (TFP) という心理療法を考えましたが、この心理療法においても、境界性人格構造を最も重点的に対象としました。

カーンバーグの人格構造論では、現実検討力、自我同一性の統合、よく使われる防衛機制の3つによって、病態水準を3種類に分けました。

	神経症人格構造	境界人格構造	精神病人格構造
現実検討力	あり	あり	なし
自我同一性	統合	不統合	不統合
防衛機制	高度な防衛機制	原始的防衛機制	原始的防衛機制

境界人格構造（BPO）

自己と他者の区別は可能だが、「良い対象」と「悪い対象」が分裂した状態で捉えられる（理想化とこきおろし）。防衛機制は、良い対象と悪い対象の「分裂」が中心で、その他「理想化」、「価値の引き下げ（こきおろし）」、「万能感」、「否認」、「投影性同一視」などが用いられる。

精神病人格構造（PPO）

自己と他者の境界が曖昧であり、妄想が優位を占めている。現実検討能力は失われ、防衛機制においては、自我の解体や自己と対象を融合させてしまう。

パーソナリティ障害の心理療法

　パーソナリティそのものに変化を及ぼす心理療法は少なく、最近では境界性パーソナリティ障害に対しては、弁証法的行動療法が効果のある心理療法として最も有名です。

　また認知を変容させることからパーソナリティ変化を促すため、認知行動療法が使われたり、対人関係コミュニケーションを変容させることからパーソナリティ変化を促すために対人関係療法が用いられることもあります。もちろん、伝統的な心理療法として精神分析的心理療法やユング派の心理療法も多く用いられます。

　最近では、歪んだパーソナリティの形成の原因が、周産期や新生児期、乳幼児期に負ったトラウマによる可能性が考えられ、EMDRなどのトラウマ治療も急速に使われるようになってきています。

第5章　精神疾患とその治療

統合失調症とその スペクトラム

キーワード	・統合失調症 ・シュナイダー ・クレペリン
過去問題	⑫25 ⑬16 ⑰3,40,79 ⑱3,37,59 ㉗30 ㉘32 ㉙14,67,69,70 ㉚67

統合失調症は、早発性痴呆から精神分裂病、そして統合失調症と言われるようになりました。

◉ 統合失調症の歴史

統合失調症(Schizophrenia)という診断名は、元々**精神分裂病**と呼ばれていました。Schizoとは分裂を意味し、phreniaとは精神を意味するため、明治時代に精神分裂病と訳されましたが、「精神が分裂する病気」という意味で理性の崩壊や多重人格を連想させ、誤解を招いたため、訳語が2002年に変更されました。

Schizo (分裂)	+	phren-ia (横隔膜➡精神)	=	Schizophrenia (精神分裂病 [現：統合失調症])

＊phrenとは、元々横隔膜の意味ですが、転じて「精神」の意味となります。

元々は、モレル(Morel,B.)による**早発性痴呆**、ヘッカー(Hecker,E.)による**破瓜病**、カールバウム(Kahlbaum,K.L.)による**緊張病**という概念を、クレペリン(Kraepelin,E.)が妄想病を加えて、**早発性痴呆(Dementia Praecox)**という一つの疾患としてまとめたのが始まりといわれています。彼は、発症の時期、経過、予後に重点を置いてこの用語を使用し、**破瓜型**、**緊張型**、**妄想型**などに下位分類を行いました。

早発性痴呆 （モレルが提唱）

破瓜病 （ヘッカーが提唱）

緊張病 （カールバウムが提唱）

妄想病 （クレペリンが追加）

➡

早発性痴呆 （クレペリンが提唱）

［破瓜型、緊張型、妄想型、分類不能型等］

クレペリンは、早発性痴呆と躁うつ性精神病の2つを、異なる精神疾患として提唱しました。早発性痴呆は**統合失調症**、躁うつ性精神病は現在の**気分障害**とされます。

その後、スイスの精神科医である**ブロイラー**（Bleuler,E.）によって、早発性痴呆から**精神分裂病**（Schizophrenie［独］）という名称に変更がなされました。ブロイラーは、種々の精神機能が統合して働くことができない障害であるとして、このような名称を用いました。彼は、精神分裂病（統合失調症）の症状を**基本症状**と**副次症状**に区分し、疾患過程から直接生じる一次性症状と患者の心理が疾患過程に反応して生じる二次性症状とに分類しました。また後に述べる二級症状を提唱しました。

早発性痴呆＝統合失調症（精神分裂病）

躁うつ病＝双極性障害

◉ 統合失調症の症状

統合失調症は、一般的に思春期以降に発症するとされ、10歳代後半から30歳代に多く（好発年齢は**18**歳）、有病率は100人に**0.9**人ともいわれており（研究者によって異なる）、非常に有病率が高い精神疾患です。症状には、幻覚や妄想など目立つ症状からなる**陽性症状**（positive symptoms）と、意欲の低下や感情

の平板化など目立ちにくい症状である陰性症状（negative symptoms）があり、前者をシュナイダーの一級症状（Schneider's first rank symptoms）、後者をブロイラーの二級症状（Breuler's second rank symptoms）とも呼びます。

発症しやすい年齢（好発年齢）	10歳代後半〜30代（特に18歳程度）
有病率	100人中0.9人（調査によって幅がある）
症状	陽性症状（目立つ症状）と陰性症状（目立たない症状）

● シュナイダーの一級症状

　シュナイダーは、以下のような8つの自我障害の症状を、統合失調症特有のものであるとし、これらをシュナイダーの一級症状としてまとめました。これらは**陽性症状**ともいわれ、統合失調症の診断の指標としても用いられることがあります。

● シュナイダーの1級症状（陽性症状）

考想化声	自分の考えが他者の声のように聞こえること。
問答形式の幻聴	複数の他者に噂されているような幻聴。
自分の行為に伴って絶えず口出しする形の幻聴	自分の行動や言動に対して、非難されるような幻聴。
身体への被影響体験	自分の身体に対して何かをされるような体験。
思考奪取やその他の思考領域での被影響体験	「自分の考えが抜き取られる」など、自分の考えが操作されるような体験。
考想伝播	自分の考えが他者に伝わってしまうような体験。
妄想知覚	周囲の物事や出来事を妄想的に関連付けること。
感情や衝動や意志の領域におけるその他の行為や被影響の体験	「させられ体験」とも。自分の感情や行動が他者によって操られるような体験。

● ブロイラーの二級症状

　ブロイラーの二級症状は、統合失調症の**陰性症状**にあたる４つの症状をまとめたものです。これはブロイラーの基本症状ともいいます。

連合弛緩	滅裂思考とも。考えがまとまらず支離滅裂になること。
感情の平板化	感情鈍麻とも。感情の豊かな表出ができず、感情が失われる、または乏しくなること。
両価性	感情や考えなどで、全く逆のものを同時に持っている状態。「好きだけど嫌い」など。
自閉	周囲への関心がなくなり、対人関係を持とうとせず閉じこもってしまう状態。

● 統合失調症の治療

　統合失調症の治療では、精神科医によって抗精神病薬が処方されることが通例です。統合失調症には完全な「治癒」がないとされており、「寛解」という言葉を用います。「寛解」とは、陽性症状の目立った時期から脱却し、社会復帰を目指せる状態まで症状が緩和されたことを指します。

　統合失調症の患者には特有の奇妙さを感じることがあり、それを統合失調症らしさ、特にプレコックス感（praecox feeling）と呼びます。

● 統合失調症の経過

　統合失調症は、以下のような経過をたどるといわれています。もちろん個人差については留意することが必要です。

第5章　精神疾患とその治療

325

前兆期

　発症する前に眠れなくなったり、光や音などの刺激に敏感になったり、精神的に不安定になったりしますが、誰にでも起こりうる精神的不調と違いが明確でないため、こういった前触れだけで発症を予測することは困難です。

急性期

　前兆期の精神の不安定さが急激に高まり、幻覚や妄想、興奮状態などの陽性症状が目立つ時期です。

休息期

　急性期を過ぎると、幻覚や妄想、興奮状態などは収まり、逆に感情が乏しくなったり無気力になったりと陰性症状が目立つようになります。引きこもって外界との関わりを断つようになり、静かではありますが精神的には不安定な状態が継続します。

回復期

　精神が徐々に安定してきて意欲が回復するなど、症状がやわらいでいきます。社会復帰を目指す時期ですが、統合失調症の症状が残ったり、認知機能の障害が出現するなど、それが社会復帰や生活上の妨げになることがあります。

解体（破瓜）型 （Hebephrenic schizophrenia）	統合失調症のうち、思春期に発症し、意欲の減退、感情鈍麻（感情の乏しさ）、自閉傾向（外界と関わろうとしない）などの陰性症状が進行する型。幻覚や妄想は一時的・断片的な場合が多く、独語（独り言）や空笑（おかしいことがないのに笑う）、しかめ顔がみられる。奇妙な独自の世界に埋没し、孤立した生活に陥ることが多い。
緊張型 （Catatonic schizophrenia）	統合失調症のうち、顕著な精神運動性障害を特徴とする。多動や昏迷（周囲の刺激に反応しなくなる）、命令自動（指示に自動的に服従する）、拒絶症（あらゆる指示に抵抗する）などの症状が、急に交替しながら現れる。幻覚や妄想などに圧倒され、外界の刺激に適切に反応できない状態と考えられている。
妄想型 （Paranoid schizophrenia）	統合失調症のうち、思考や会話の不統合や緊張病症状が顕著でないもので、妄想と幻聴にとらわれている型。他の型に比べて発症年齢が遅い。
分類不能・残遺型 （Unclassifiable・ residual schizophrenia）	統合失調症のうち、解体型、緊張型、妄想型のいずれにも分類されない型。

◉ 統合失調症の型

　統合失調症は、個人の呈する症状によって、解体型（以前は破瓜型）（Hebephrenic schizophrenia）、緊張型（Catatonic schizophrenia）、妄想型（Paranoid schizophrenia）、分類不能・残遺型（Unclassifiable・Residual schizophrenia）など、いくつかの型に分類することができます。

◉ 統合失調症と類似する障害

　統合失調症は、統合失調症と類似する障害を含んだクラスターとして、DSM-5では、「統合失調症スペクトラム障害および他の精神病性障害群」として分類されています。

統合失調型パーソナリティ障害 (Schizotypal personality disorder)	パーソナリティ障害のひとつともされるが、統合失調症スペクトラム障害の一部として考えられている。詳しくは、本書5章の5で説明する。
妄想性障害 (Delusional disorder)	ひとつ、または複数の妄想が少なくとも1カ月以上続くもの。妄想自体や妄想に関係する影響を除外すれば、行動が目立って奇妙とはいえない場合を指し、幻覚があっても優勢でないなど、統合失調症の基準を満たさないもの。
短期精神病性障害 (Brief psychotic disorder)	妄想や幻覚、まとまりのない会話、緊張病性もしくはまとまりのない行動のいずれかがみられ、1日〜1か月未満のみ症状が持続し、その後に完全に回復するもの。
統合失調症様障害 (Schizophreniform disorder)	妄想や幻覚、まとまりのない発語、ひどくまとまりのない、または緊張病性の行動、陰性症状の2つ以上（妄想、幻覚、まとまりのない発語のいずれかを必ず含む）が1ヶ月間存在するなど、統合失調症の症状を呈するが、1か月以上6か月未満の持続によってみられるもの。
統合失調感情障害 (Schizoaffective disorder)	ひと続きの期間において、統合失調の症状と同時に気分エピソード（大うつ病エピソード、躁病エピソード、混合性エピソードのいずれか）を同時に経験し、気分症状を伴うことのない時期に2週間以上、幻覚や妄想の出現が認められるもの。
物質・医薬品誘発性精神病性障害 (Substance/medication - induced psychotic disorder)	妄想か幻覚、少なくとも片方が存在し、薬物中毒や離脱の経過中もしくはすぐ後、または医薬品に曝露された後に、それらの症状が示されたもの。つまり、それらがアルコールや大麻、鎮痛剤、抗不安薬などに誘発された症状であること。
緊張病 (Catatonia)	神経発達症、精神病性障害、双極性障害、抑うつ障害やその他医学的疾患を含んだ複数の障害において起こりうるもので、以下のうち3つ以上が優勢であることから示される。昏迷、カタレプシー、蝋屈症、無言症、拒絶症、姿勢保持、わざとらしさ、常同症、外的刺激の影響以外での興奮、しかめ面、反響言語、反響動作。

発展編

■ 統合失調症の原因や状態

　統合失調症は、内因性精神病として位置づけられています。原因は確定されておらず、ドーパミン仮説やグルタミン仮説が有力であると考えられてきました。ですが、最近はドーパミン仮説などのモノアミン仮説が、研究により否定されてきていることもあり、原因についてはよく分かっていないのが実情です。発症は突如起こることもあれば、生活の変化など大きなストレスによって起こることもあるようです。ただ、ストレスが原因そのものというわけではなく、遺伝要因と環境要因の両方が発症に関係しているといわれます。統合失調症の治療は、薬物療法と精神療法、社会復帰・生活療法から成り立ち、適切な治療と周囲の援助により、社会の中で生活していくことも可能になります。

■ 統合失調症の思考の障害（思考様式・思考内容・思考過程）

思考様式の障害	
思考伝播	自分の考えが、他者に伝わってしまうというもの。
思考奪取	自分の考えが何者かによって抜き取られてしまうというもの。
思考化声	自分の考えていることがそのまま声になって聴こえるというもの。
思考察知	自分の考えが他者に知られてしまっているというもの。

思考内容の障害	
被害妄想	他者から嫌がらせをされたり、危害を加えられるという妄想。
関係妄想	周囲のちょっとしたことや、他者のしぐさなどが自分と関連していると関係づける妄想。
誇大妄想	自分を実際よりも極端に過大評価する妄想。血統妄想や宗教妄想などがある。
注察察知	誰かにじっと監視されているという妄想。

思考過程の障害	
観念奔逸	考えが次から次へと湧き上がってきてくること。双極性障害の躁状態でもよく見られる。
連合弛緩	滅裂思考とも。考えがまとまらず支離滅裂になること。
思考途絶	これまで考えていた思考が突然中断してしまうこと。

上記のような、いわゆる「妄想」は統合失調症だけでなく、その他の精神疾患においてもみられます。たとえば、認知症では「物盗られ妄想」、うつ病では「貧困妄想」、双極性障害では「誇大妄想」などがあります。

■ 統合失調症の DSM- IV から DSM-5 への変遷

統合失調症は、発達障害と同じようにスペクトラムと考えられることから、パーソナリティ障害も含んだスペクトラムとしてDSM-5では記述されています。DSMの版によって分類だけではなく、微妙に診断名にも変更がありますので注意が必要です。

DSM-IV	DSM-5
統合失調症	統合失調症
妄想性障害	妄想性障害
短期精神障害	短期精神病性障害
統合失調症様障害	統合失調症様障害
失調感情障害	統合失調感情障害
統合失調型パーソナリティ障害	統合失調症型パーソナリティ障害

DSM-5 では削除された障害

共有精神病性障害 (Shared psychotic disorder)	二人組精神病ともいう。幻覚や妄想をもつ人と生活を共にし、親子や兄弟など親密な関係にある人が同じような症状を呈する障害。

5-7 発達障害

難易度 ★★★

● check

キーワード	・発達障害 ・自閉症 ・自閉症スペクトラム障害 ・アスペルガー障害
過去問題	⑥68 ⑪62 ⑬53 ⑭63 ⑯48,94 ⑱34 ⑲94 ⑳59,61,68 ㉓50,92,93 ㉔11,20,24,28,49,50,68 ㉖24 ㉗21,67 ㉘47,97 ㉙71 ㉚50 ❶14,26 ❷42

　発達障害は幅広い概念です。発達障害者支援法やDSM-5の刊行により、これからも話題性には事欠かないでしょう。

● スペクトラムとしての発達障害

　「発達障害」という言葉が最近よく使われるようになってきました。「発達障害」とひと口に言っても、その言葉では全てを捉えきれないほど大きく広い概念です。

　発達障害は単なる一つの障害ではなく、多くの診断名を含めるものだということがわかるでしょう。広汎性発達障害、自閉症、自閉性障害、

> **発達障害者支援法による「発達障害」**
>
> 「自閉症、アスペルガー症候群その他の広汎性発達障害、学習障害、注意欠陥多動性障害その他これに類する脳機能の障害であってその症状が通常低年齢において発現するものとして政令で定めるもの」として定義される。

自閉スペクトラム症、自閉症スペクトラム障害、アスペルガー障害、アスペルガー症候群、高機能自閉症、レット障害、レット症候群、小児期崩壊性障害、注意欠陥・多動性障害（ADHD）、学習障害（LD）といった数多くの障害名があります。また、元々の「発達障害」という概念自体が曖昧で、色のグラデーションのように連続性のあるもの（スペクトラム）であるため、ひとつの診断名を定めにくい現状があります。

自閉スペクトラム

中等度の
知的障害を伴う自閉症

（従来）アスペルガー障害
（従来）高機能自閉症

重度・最重度の
知的障害を伴う自閉症

軽い
知的障害を伴う自閉症

グレーゾーン

スペクトラム（連続体）

● 発達障害の歴史

　発達障害の歴史は1943年に、カナー（Kanner,L.）が自閉症を発見したことに始まります。自閉症は当時、早期幼児自閉症と呼ばれていました。自閉症の特徴として、「心の理論を持たない（もしくは乏しい）こと」が挙げられます（「心の理論」については、発達心理学の頁を参照）。

　また、ほぼ同時期にアスペルガー（Asperger,H.）は、知能が正常であるものの、自閉症の特徴を持つ障害を発見し、それらをアスペルガー障害（アスペルガー症候群）と名付けました。アスペルガー障害は高機能自閉症と呼ばれる障害と臨床上あまり違いはなく、ほとんど同様に扱われます。性差に関しては、女児よりも男児に多く見られます。

● DSM-5 への移行による分類や名称の変化

　2013年に刊行（2014年に邦訳）されたDSM-5によって、発達障害に関する分類や名称が大きく改訂されました。DSM-5では、発達障害は「神経発達症群/神経発達障害群」にまとめられ、知的能力障害群もその中に含まれることとなりました。

知的能力障害（知的発達症/ 知的発達障害） Intellectual disability/ Intellectual developmental disorder （DSM-Ⅳでは、「精神遅滞」）	元来、知的障害と呼ばれていたもの。知的機能の欠陥や、同じ年令の仲間と比べて、発達的・社会文化的に日常生活での適応が困難になっていることから診断される。社会生活の困難度合いによって、軽度・中等度・重度・最重度に分類される。ウェクスラーの知能検査・発達検査によって、IQが65〜75程度をボーダーとして診断の参考となされる。
全般的発達遅延 Global developmental disorder	発達の遅れがみられるが、小児期早期（5歳未満）と幼いために、知的能力障害と診断するための標準的検査を受けられない子どもに対し、一時的につけられる診断名。
自閉スペクトラム症/ 自閉症スペクトラム障害 Autism spectrum disorder(ASD) （DSM-Ⅳでは、自閉性障害、アスペルガー障害など）	社会性の乏しさや対人コミュニケーションの苦手さ、行動や興味、活動の常同運動やかたくななこだわりがみられる発達障害。ローナ・ウィングによる三つ組の障害が特徴である。DSM-Ⅳでは、精神遅滞の有無によって診断名が分かれたが、DSM-5では「自閉スペクトラム症」として統一された。

第5章　精神疾患とその治療

● ローナ・ウィング（Lorna Wing）による、三つ組みの障害の例

社会性の欠如
・視線（アイコンタクト等）や顔の表情、体の姿勢などの不自然さ
・年齢相応の仲間を作ることの難しさ
・興味を他人と共有しない、一人遊びが多い

コミュニケーションの障害
・文字の意味通り受け取るため、冗談が通じない
・表情や身振り、態度などで相手の気持ちを汲み取ることの難しさ

想像力及びそれに基づく行動の障害（こだわり）
・特定の対象に対する異常なまでの執着
・興味の著しい偏り
・同じやり方や同じ形・色等に対する固執
・融通の利かなさ

広汎性発達障害と自閉スペクトラム症

DSM-Ⅳでは、自閉症やアスペルガー障害などを包含する概念として、「広汎性発達障害」が使われていましたが、DSM-5では「自閉スペクトラム症」という名称が使われています。従来使われていた「自閉症スペクトラム障害」という言葉と比べ、DSM-5の「自閉スペクトラム症」は、診断基準に社会性及びコミュニケーションの障害のほか、常同性を伴うことが必須とされ、診断の幅が従来より狭まったといわれています。

◉ その他の発達障害（限局性学習障害とADHD）

　発達障害には、自閉スペクトラム症以外にも、注意欠如・多動性障害（ADHD）や限局性学習障害と呼ばれるものもあります。これらの発達障害は合併することが多いことが指摘されてきました。発達障害という概念が有名になり、療育を受けやすくなったことに対して、安易に発達障害という名称が使われすぎるようになってしまったとの指摘もあります。

◉ 注意欠如・多動症／注意欠如・多動性障害
　（AD/HD：Attention-Dificit /Hyperactivity Disorder）

　不注意、あるいは**多動性**及び**衝動性**が特徴的に見られることが、著しく発達の妨げになっている障害です。ADHDと呼ばれます。大人になると多動性は緩和されますが、落ち着きの無さや不注意、衝動性は残りやすいといわれます。

不注意	注意し続けられない、不注意な間違い、注意の持続が困難、義務をやり遂げられない、物事を順序立てて行えない、すぐ気が散る、忘れっぽい。
多動性・衝動性	落ち着きのなさ、不適切な状況で動き回る、静かにできない、じっとしていられない、しゃべりすぎる、待つことが困難、他人を妨害する等。

◉ 限局性学習症／ 限局性学習障害
　（SLD：Specific Learning Disorder）

　知能の発達の遅れはみられませんが、読字、書字表出、数字の概念、計算、数学的推論などのうち一部の領域で、能力が学習上著しく低く、知的能力障害などでは説明できないものです。全般的に能力が一定以下を示す知的能力障害と比

較して、特定の領域においてのみ能力が低い状態を示します。DSM-Ⅳでは、単に「**学習障害（Learning disorder；LD）**」と呼ばれていました。

◉ 発達障害の療育プログラム

　自閉症の療育プログラムとして有名なものとして、行動主義の考え方から生まれた応用行動分析（ABAプログラム）や、アメリカのショプラー（Schopler,E.）によって開発されたTEACCHプログラムが有名です。

応用行動分析 （ABAプログラム）	ABAとは、Applied Behavior Analysisの略で、細かい行動の観察によって生活上望ましい行動を増加させ、問題行動などの望ましくない行動を減少させていく一連のプログラムのことをいう。
TEACCHプログラム	日常生活でよりよく暮らしていくため、着替えや食事、入浴などといった生活で必要なスキルのトレーニングを行い、それらスキルを身につけていくためプログラムのことをいう。 TEACCHとは、Treatment and Education of Autistic and related Communication-handicapped CHildren（自閉症とその関連する領域にあるコミュニケーション障害の子どもたちの治療と教育プログラム）の略で、社会に適応して自立していくことを目指す。

第5章　精神疾患とその治療

DSM-Ⅳ	DSM-5
自閉性障害	自閉スペクトラム症
アスペルガー障害	
レット障害	DSM-5では除外
小児期崩壊性障害	DSM-5では除外
学習障害	限局性学習障害
注意欠陥・多動性障害	注意欠如・多動性障害
精神遅滞	知的能力障害

　発達障害は、上述してきたように、DSM-ⅣからDSM-5への改訂で、最も大きく変更が行われたものでもあります。

　DSM-Ⅳにおいて自閉性障害、アスペルガー障害と分けられていたものが「自閉スペクトラム症」として一つになりました。元々、自閉性障害、アスペルガー障害、レット障害、小児期崩壊性障害を合わせて「広汎性発達障害」と呼ばれており、また「三つ組みの障害」を提唱したウィングによるAutism Spectrum Disorder；ASDという概念は「自閉症スペクトラム障害」と訳されていました。DSM-5の「自閉スペクトラム症」では「社会性及びコミュニケーションの障害」と、「常同性の障害」の両方を伴うことが診断基準に含まれたことにより、診断の範囲が狭まりました。

　従来は、「ちょっと変わった子」「落ち着きのない子」などで済まされていた子が、発達障害の概念が広まることで診断される数が激増しました。グレーゾーンといわれていた子に診断名がつけられ、支援の対象となったためです。支援が受けられるといった点では良い側面もありますが、なんでもかんでも発達障害というラベリングがされてしまうという問題点が指摘されています。

　このことから、発達障害の診断数の増加に歯止めをかけるべく、上述したように、DSM-5では診断基準を狭める結果となってしまいました。一方、「常同性の障害」がなくても困っている子は存在するため、そのような子が支援の対象から外れてしまうことに対しても懸念がなされています。

　多数派を定形の発達を遂げたものとして「定型発達」と考え、発達障害のスペクトラム

レズビアン (Lesbian)	女性の同性愛者。
ゲイ (Gay)	同性愛者全般のうち、主には男性の同性愛者を指すことが多い。
バイセクシャル (Bisexual)	男性、女性の両方に性的指向を持つもの。
トランスジェンダー (Transgender)	性の境界を超える指向性を持つもの全般。心の性が、身体の性とは反対の性 (男性なら女性、女性なら男性) を指向するものや、男性・女性どちらでもなく自らのことを中性と考えるもの、性転換を指向するもの、身体の性と反対の服装を指向するものなど。
クィア (Queer)	LGBT全てを包括するような概念として使われるが、元々はセクシャルマイノリティに対する差別用語として使われたため、好意的にみなされないことも多い
クエスチョニング (Questioning)	性的アイデンティティが定まっていないもの。
LGBTQ＋	性の多様性において数が少ない人である「性的マイノリティ」の総称。上記の言葉の頭文字を取っている。最後に「＋」がついているのは、性はとても多様であり、上記以外にもたくさんの性のあり方があることから、包括的な意味を持たせるため。

以上のように、「性」に関しては、大きく分けて「身体の性」「自己の性意識 (心の性)」「性的指向の対象」と様々あります。

■その他DSM-5に掲載される群

排泄症群	遺尿症	不随意的であっても意図的であっても、ベッドや衣服の中での反復的な排尿をするもの。
	遺糞症	不随意的であっても意図的であっても、不適切な場所に反復して大便をするもの。

第5章 ●●●●●●● 精神疾患とその治療

睡眠-覚醒障害群	不眠障害	入眠困難、頻回の中途覚醒や早朝覚醒で、再入眠できないことに特徴づけられる障害。
	過眠障害	7時間以上寝ているのにもかかわらず、過剰な眠気を催すもの。
	ナルコレプシー	抑えがたい睡眠欲求やうたた寝が、3ヶ月以上にわたって何度も反復して起こるもの。
	概日リズム睡眠-覚醒障害	概日リズムが崩れることによって、睡眠が分断され、日中の過剰な眠気や不眠をもたらすもの。
性機能不全群	射精遅延	パートナーとの性行為において、射精の著しい遅延や欠如がみられるもの。
	勃起障害	性行為中の勃起、勃起の持続、硬さの著しい減少がみられるもの。
	女性オルガズム障害	女性のオルガズムの著しい遅延や低頻度、欠如、強度の低下がみられるもの。
	早漏	パートナーとの性行為において、膣挿入から約1分以内で、望む前に射精が起きることが反復的に起こるもの。
秩序破壊的・衝動制御・素行症群	反抗挑発症/反抗挑戦性障害	怒りっぽく口論をするのが好きであったり、挑発的な行為を行ったり、執念深さを伴ったりするもの。
	素行症/素行障害	人や動物に対して攻撃性を持ったり、他者の所有物を破壊したり、嘘をついたり、窃盗を行ったり、重大な規則違反を行ったりすることが反復して行われるもの。
	窃盗症（クレプトマニア）	自ら用いるためや金銭的価値のためでもなく、何度も物を盗むもの。窃盗に対して興奮や満足感、解放感を感じるもの。
物質関連障害及び嗜癖性障害群	物質使用障害群	使用によって重大な問題が起きているにもかかわらず、アルコールやオピオイド、鎮静薬、睡眠薬、抗不安薬などを使用することを続ける障害群。
	物質誘発性障害群	物質使用によって、中毒や離脱などが出現する障害群。
	ギャンブル障害	著しいギャンブル行為を伴うもので、興奮を得たかったり、心を奪われたり、すったお金を取り戻すためにギャンブルを続けるもの。

パラフィリア 障害群	窃視障害	警戒していない人が裸になっている、衣服を脱いでいることを見ることから得られる強度の性的興奮、空想、衝動、行動がみられるもので、実行に移したことがあるもの。
	露出障害	警戒していない人に対して、自分の性器を露出することから得られる強度の性的興奮、空想、衝動、行動がみられるもの。
	窃触障害	同意のない人に触ったり、身体をこすりつけたりすることによって、強度の性的興奮、空想、衝動、行動がみられるもの。
	小児性愛障害	思春期以前の子どもとの性行為への強度の性的興奮、空想、衝動、行動がみられるもの。

第5章 精神疾患とその治療

第6章

地域援助と応用心理学

6-1 地域援助とは

　臨床心理士の4つの専門業務の一つが地域援助です。それぞれの地域によって需要も使える資源も異なるため、地域に応じた援助を行うことが必要です。

◉ 地域援助とは

　地域援助は主に、キャプラン（Caplan,G.）のコミュニティ心理学の考えに基づいて行われ、行政区分としての都道府県や市町村、それよりも小さな単位を含めたコミュニティに対して適切なアプローチを行うことを指します。コミュニティ全体のみではなく個人の問題解決のために、コミュニティ・アプローチ（community approach）という考え方も必要です。

　地域援助には、スクールカウンセリングの他にも被災者支援や犯罪被害者支援、子育て支援、高齢者支援、障害者支援など多くのものが挙げられます。

◉ コミュニティ心理学（community psychology）と関連する考え方

　コミュニティ心理学は、1963年アメリカで「地域精神衛生センター法（Community Mental Health Act）」が議会を通過し、1965年に「地域精神衛生にかかわる心理学者の教育についての会議（Boston Conference on the Education of Psychologists for Community Mental Health）」が行われたことが始まりといわれています。地域社会で生活を営む住民や、所属する多種多様なコミュニティの精神衛生の諸問題に対し、臨床心理学者、精神医学者が中心となって貢献しました。

　コミュニティ心理学の支援内容は、「予防」、「危機介入」、「コンサルテーション」の3つに分けることができます。

「予防」に関しては、キャプランの予防精神医学が有名で、第一次予防〜第三次予防からなる予防的介入という概念を示しています。

● 第一・二・三次予防

第一次予防	問題の発生を防ぐことを目的として行われる活動のことで、発生予防とも呼ばれる。健康教育や情報提供、予防接種など。
第二次予防	不適応を起こしたり精神疾患を患ったりしている人の症状が、悪化したり長引いたりすることのないように、早期発見・早期治療を目的として行われる活動のこと。健康診査など。
第三次予防	社会復帰を促進し、再発を予防する活動のこと。リハビリテーション等による機能維持・回復や、治療後の後遺症の予防など。

「危機介入」（crisis intervention）とは、日常で用いてきた対処方法では対処できない困難な問題（危機）に直面している人に対して、その状態からできるだけ早く脱出することを目的に、援助者が積極的・直接的、また迅速に介入する援助のことです。元の均衡へのできるだけ速やかな回復を目的とするため、継続での心理面接のような、その人のパーソナリティの変容への働きかけではなく、短期的な介入による問題状況への本人の対処能力の向上に主眼が置かれます。

「コンサルテーション」とは、問題を抱えた本人に直接アプローチするのではなく、本人と関わりの強い人物を対象にして援助を行うことにより、間接的にアプローチする方法です。

また、コミュニティ心理学では、エンパワメントやアドボカシーといった福祉的な概念も大切だといえるでしょう。

エンパワメント

人が自立して生き、お互いが助け合って、生活の困難を乗り越えていけるような力をうまく発揮できるように援助すること。

アドボカシー

弱い立場にいる人、例えば寝たきりの高齢者や、障害を持っていてうまく自らの主張を伝えられない人の代わりに代理人が権利擁護を行うこと。

6-2 スクール カウンセリング

難易度 ★☆☆

check

キーワード　・スクールカウンセラー　・集団守秘義務

過去問題　⑦61,100　⑧94　⑨63　⑩69　⑪77　⑭87　⑮81　⑯62,68　90,98,99,100　⑱58,59,76　⑲82　⑳59,60,76,81,82,83　68,84,85　㉔86,87　㉖72,83,96　㉗66,97　㉘98,99　㉚59,81,82　❷18,62　❸72,73,74,88,89

　スクールカウンセリングは学校臨床の中で行われる地域援助の一つです。スクールカウンセラーは、柔軟に対応する姿勢と教職員へのコンサルテーションなどを行う力も求められます。

● スクールカウンセリングとは

　文部科学省（旧文部省）が1995（平成7）年度より開始したスクールカウンセラー活用調査研究委託事業によって、臨床心理学の専門知識を有する**スクールカウンセラー（SC）**が配置されるようになりました。スクールカウンセラーは、通常の面接を行う以外にも、問題の発生を未然に防ぐ予防的役割も望まれています。クライエントが来るのを待っているだけではなく、積極的に教職員と関わりを持ったり、児童・生徒が来やすい雰囲気を作ったり、スクールカウンセラー便りを作ったりなどして、能動的なかかわりをしていくことが必要です。カウンセリングの対象として児童・生徒だけではなく、保護者のカウンセリングや教職員のカウンセリングも必要になることがあります。

● スクールカウンセラーの面接以外の具体的な仕事

　心理教育的アセスメント、教師への**コンサルテーション**、啓蒙活動（教職員対象の研修会・保護者向け講演会の開催など）といった多種多様な活動が挙げられます。

　コンサルテーションとは、**コンサルタント**（専門家、ここではスクールカウンセラー）が、**コンサルティ**（他職種の専門家である依頼者、ここでは教師）に対し、異なる分野の専門家の立場から適切な助言を行うことを指します。コンサル

テーションではコンサルティの自主性や専門性が尊重され、コンサルタントの助言を採用するかはあくまでコンサルティが決定します。

● スクールカウンセラーがアプローチする対象

不登校や非行、集団不適応、いじめ、学習困難、発達障害など多くあります。

いじめは時代背景によってその形態が変化しており、その内容は多種多様です。被害者側と加害者側が入れ替わることもしばしばあり、因果関係でとらえるだけではなく、傍観している生徒、問題に取り組む教職員など、コミュニティ全体を見据えた対応が求められます。

不登校も時代背景とともに変化しつつあります。背景に発達障害、いじめ、家庭環境などがある場合も考えられるため、本人やその周りのリソース（資源）を探しながら、型にとらわれすぎることなく子どもや保護者にとって最も良い解決方法を探すことが必要です。

いじめ

文部科学省の定義では「当該児童生徒が、一定の人間関係のある者から、心理的、物理的な攻撃を受けたことにより、精神的な苦痛を感じているもの。なお、起こった場所は学校の内外を問わない。個々の行為が『いじめ』に当たるか否かの判断は、表面的・形式的に行うことなく、いじめられた児童生徒の立場に立って行うものとする。」とされています。

不登校

文部科学省の定義では「年間30日以上欠席した児童生徒のうち、病気や経済的な理由を除き、『何らかの心理的、情緒的、身体的、あるいは社会的要因・背景により、児童生徒が登校しないあるいはしたくともできない状況にある者』」とされています。

第6章　地域援助と応用心理学

● 学校臨床における守秘義務の形

　スクールカウンセリングにおける守秘義務は、通常のカウンセリングの守秘義務とは異なる部分があります。児童・生徒が重大な情報をスクールカウンセラーに話したものの、スクールカウンセラーがそれを教師や保護者に伝えなかったことが児童・生徒の事件や事故につながる恐れがあります。そのようなことを回避すべく集団守秘義務という、複数の関係者の内部で情報の機密を守る形態がとられます。これには、相談者である児童・生徒の命や安全を守るための対応を、組織として円滑に行えるようにするという目的がありますが、同時に、児童・生徒の秘密が相談したスクールカウンセラー以外の人にも開示されることで、児童・生徒との信頼関係に影響を及ぼす可能性もあります。個人の守秘義務か、集団守秘義務かという言葉のみにとらわれるのではなく、守秘義務を守ることや、集団守秘義務を適用して他の人に伝えることで、どのようなメリットやリスクがあるかをよく検討することが大切です。

集団守秘義務

クライエントに複数人がかかわる環境で、組織内でのみ情報を管理・共有することを可能にし、組織外には漏らさないという場合を指します。学校や病院など、組織内での多職種間の連携が有用な場合に有効です。

● スクールカウンセラーの現在

　スクールカウンセラーは、アメリカでみられるような常勤職となっておらず、今もなお非常勤で週1日かそれ以下の勤務です。国の予算の都合で、1995年当初と比べてスクールカウンセラーの勤務日数や勤務時間、時給等は減りつつあります。その代わりに登場してきたスクールソーシャルワーカー（School Social Worker：SSW）は、教育委員会に所属し、家庭訪問に行くなどを職務とします。両職種がそれぞれの強みを生かして活動することが望まれています。

● 親や子どもへの支援

　親や子どもへの支援にはスクールカウンセリングの他に下記のものがあります。

名称	内容	管轄	支援内容
キンダー カウンセリング	幼稚園（Kindergarden）に定期的、もしくは不定期にカウンセラーが訪問し行うカウンセリング	文部科学省 （学校教育法において学校と定められているため）	・育児状況のアセスメント ・発達障害などの障害をもつ親子への支援
保育 カウンセリング	保育園（Nursery school）にカウンセラーが訪問し行うカウンセリング	厚生労働省 （児童福祉法において児童福祉施設と定められているため）	・保育者への支援 ・乳幼児への援助 ・保育・保健・医療など他職種への援助
学生相談室	学生相談員などの名称で、所属している大学生に対して行うカウンセリング。心理教育やコミュニティ活動、研究も行う	大学独自	・性格 ・対人関係 ・学業成績 ・学生生活 ・進路の悩み ・発達障害

第6章　地域援助と応用心理学

6-3 応用心理学

難易度 ★★☆

check

キーワード	・教育心理学 ・医療心理学 ・健康心理学 ・福祉心理学 ・司法心理学 ・犯罪心理学 ・産業心理学 ・組織心理学
過去問題	㉘77,85,90,98 ❶40,60,86,96 ❷77,91,92,95,100 ❸87

　基礎心理学は、様々な領域において応用されています。臨床心理学も、応用心理学の一つですが、ここでは臨床心理学以外の応用心理学を紹介します。

教育心理学

● 教育現場での心理支援（スクールカウンセリング、保護者／教職員支援）

　スクールカウンセラー（SC）のほか、最近はスクールソーシャルワーカー（SSW）が入る自治体も増えてきました。SCとSSW、教職員は、協働・連携して児童・生徒の心理支援にあたる必要があります。また、各自治体に応じた動き方を求められます。

　都市部ではSCやSSWになることを希望する人も多いですが、地方によっては人員が足りておらず、教員のOBやOGが入っていることも少なくありません。

　災害が起きた際にも、緊急派遣として被災地に派遣され、現地のSCらとともに地域援助の一端を担います。SCは、他職種との協働や、様々な役割を担えるように、日々研鑽を積んでいくことが期待されます。昨今、チーム学校と呼ばれるように、教職員とチームを組む形で、児童・生徒と関わっていくことが求められています。また、児童・生徒だけではなく、保護者や教職員のカウンセリングも必要になることがあります。

新たな社会的ニーズへの対応・私設相談領域

　科学技術が発展し国際化が進むにつれて様々な問題や社会的なニーズが発生し、そのような変化にいかに対応していくかといったことへも関心が高まっています。臨床心理士も、各領域の新たな社会的ニーズに心理学的な観点から援助をしていく必要があります。一人で抱え込むのではなく、多職種連携・地域連携を行って、心理学の専門家としての得意分野を発揮していくことが期待されます。

　臨床心理士が社会に関わっていく方法として、私設相談という形式も存在します。私設相談領域とは、臨床心理士自らがカウンセリングオフィスを開いてカウンセリングを行う業態です。医療機関であっても、臨床心理士によるカウンセリングが保険適用となることは現状では限定的ですが、私設相談においても、クライエントは比較的高額な自費でカウンセリングを受けることとなります。まだ日本では「気軽にカウンセリング」とはいきませんが、徐々にカウンセリングは社会に浸透しています。

第6章　地域援助と応用心理学

産業臨床	司法臨床	私設臨床心理士
主に企業で雇用されている労働者に対する心理援助活動	少年非行、家族の紛争、刑事事件などの法的な分野における心理援助活動	来室するクライエントへのカウンセリング、心理検査、病院や各機関へのリファーなど
内部EAP（従業員支援プログラム）：企業内にカウンセリングルームや産業医を置いている 外部EAP：企業がEAP専門の企業などに外注して行う	家庭裁判所の調査官 保護観察官	
従業員へのカウンセリング（対面の他、電話やメールなどで行われることも）、上司や管理職へのコンサルテーション、休職者への対応、心理教育	事件に関わりのある当事者への心理的援助や所見作成、精神鑑定、犯罪や事件・事故などに巻き込まれた人への被害者支援	

多職種連携・地域連携

　チーム医療やチーム学校という言葉に表されるように、色々な職種が連携し合い、対人援助活動を行うことが望まれています（**多職種連携**）。病院やクリニックでも、**地域連携**が重要であると言われています。

　また、社会問題となっている**ニート（NEET）**や**ひきこもり**の支援のほか、近年ではグローバル化に伴い、異文化間ストレスを抱える人も増えています。そのように、心理職が求められる場面は多岐に渡っており、多方面での連携が望まれています。

ニート（NEET）	Not currently engaged in Employment, Education or Trainingの頭文字をとってつけられた名称で、内閣府によると「学校に通学せず、独身で、収入を伴う仕事をしていない15〜34歳の個人」を指します。
ひきこもり （social withdrawal）	様々な要因の結果として社会との関わり（就学、就労、家の外での交遊など）を回避し、原則的には6ヵ月以上にわたっておおむね家などの屋内で生活を続ける者を指します。家庭内暴力や自傷行為などが起きることもあります。思春期・青年期から続くものや、30代以降から始まる場合もあります。また、特定の精神疾患や発達障害がひきこもりの背景にある場合や、ひきこもりからくるストレスの影響で、二次的に精神疾患が生じる場合もあります。
異文化間ストレス （cross-cultural stress）	異なる文化圏で生活する際に、生活習慣や文化、言葉などの違いによって、意思や感情がうまく伝わらない、そこでの生活にうまく馴染めないことから生じるストレスを指します。

第 7 章

心理職に関する法律と倫理

7-1 精神保健・心理臨床に関する法律

難易度 ★★★

● check

キーワード	・精神保健福祉法 ・少年法 ・障害者総合支援法 ・児童福祉法
過去問題	⑥7,95 ⑦96 ⑧99 ⑨96 ⑩96 ⑪91,92,93 ⑬92,93 ⑭96 ⑮92,96 ⑯82,86 ⑰84 ⑱88,89,90 ⑲87 ⑳81,87 ㉑81,82,87 ㉒82 ㉓83,86,90 ㉔73,87 ㉕72,89,90,100 ㉖85,100 ㉗83 ㉘81,100 ㉙85 ㉚83,87 ❶57,58,94,95 ❷97,99 ❸91,95,96,98

　臨床心理士試験では、法律や制度関係の知識を問われる問題が出てきますので、ひと通り目を通しておきましょう。

◉ 精神保健及び精神障害者福祉に関する法律（精神保健福祉法）

　精神保健福祉法は「精神障害者の医療及び保護を行い、その社会復帰の促進及びその自立と社会経済活動への参加の促進のために必要な援助を行い、並びにその発生の予防その他国民の精神的健康の保持及び

精神保健福祉法の変遷

1950年	精神衛生法が制定
1987年	精神保健法に改正
1995年	精神保健及び精神障害者福祉に関する法律（精神保健福祉法）に改正

増進に努めることによって、精神障害者の福祉の増進及び国民の精神保健の向上を図ること」を目的としています。

　精神保健福祉法では、精神保健福祉センターの設置や精神保健指定医について、また任意入院、措置入院、医療保護入院、応急入院といった入院、精神障害者社会復帰促進センターについて示されています。

精神保健指定医とは

5年以上診断、治療に従事した経験を有し、うち3年以上精神障害の診断、治療に従事した経験を持つこと、厚生労働大臣が定める精神障害について、厚生労働大臣が定める程度の診断、治療に従事した経験を有することとされています。

● 入院形態

任意入院	精神科病院の管理者は、精神障害者を入院させる場合においては、本人の同意に基づいて、入院が行われるように努めなければなりません。また、退院の申し出があった場合は退院させなければなりません。任意入院者に医療及び保護のため入院を継続する必要があると認めたときは、72時間に限り退院させないことができます。
措置入院	都道府県知事は、診察を受けた精神障害者が、医療及び保護のため入院させなければ、自身を傷つけたり他人に害を及ぼすと認めたときは、国等の設置した精神科病院または指定病院に入院させることができます。その際、2人以上の指定医の診察を経て、診察の結果が一致しなければなりません。
医療保護入院	精神科病院の管理者は、指定医の診察の結果、医療・保護のため入院が必要な精神障害者であり、保護者や扶養義務者の同意があるときは、本人の同意がなくても入院させることができます。

精神障害者（知的障害者を除く）には、精神障害者福祉手帳を交付できるように定められています。ただし、2年ごとに更新が必要で、精神障害があることについて都道府県知事の認定を受けなければなりません。社会参加と自立の促進のために発効され、プライバシーの観点から「障害者手帳」のみの表記となっています。

● 心神喪失等の状態で重大な他害行為を行った者の医療及び観察等に関する法律（心神喪失者等医療観察法）

心神喪失等の状態で重大な他害行為を行ったものに対し、適切な処遇を決定し、医療や必要な観察、指導を行うことによって改善、再発の防止を図り、社会復帰を促進することを目的として施行されました。

◉ 障害者自立支援法から障害者総合支援法へ

2006年に福祉サービスを一元化するため、障害者自立支援法が施行されました。障害者自立支援法は、従前の応能負担（所得水準によって負担額が決定）から、**応益負担**（受けたサービスの種類や量によって負担額が決定）になることで大きな批判がありました。それ以来少しずつ改善を重ね、2013年には障害者総合支援法という形で新しく変わりました。

また、障害者の就労支援としては、ジョブコーチ（job coach）制度があります。ジョブコーチとは、障害者が職場に適応し安定した職業生活を送ることを目的とし、雇用の前後に本人と職場に関わり、必要な実技指導や職場の理解を促す役割をします。

◉ 発達障害者支援法

発達障害者の生活全般にわたる支援を目的として、発達障害者支援法が2005年に施行されました。できるだけ早期に発達支援を行えるように、学校教育における発達障害者の支援、発達障害者の就労の支援、**発達障害者支援センター**の指定等について定めています。

> ### 発達障害者支援センター
>
> **都道府県知事**が指定する発達障害者支援センターでは、次のような業務が行われています。
> 1. 発達障害の早期発見、早期発達支援等
> 2. 専門的な発達支援及び就労の支援
> 3. 発達障害についての情報提供及び研修
> 4. 医療等の業務を行う関係機関及び民間団体との連絡調整

● この法律での定義

発達障害	**自閉症、アスペルガー症候群**その他の広汎性発達障害、学習障害、注意欠陥多動性障害、その他これに類する脳機能の障害
発達障害者	発達障害を有するために、日常生活または社会生活に制限を受けるもの（このうち、18歳未満は「発達障害児」）
発達支援	発達障害者の心理機能の適正な発達を支援し、円滑な社会生活を促進するために、発達障害の特性に対応した医療的、福祉的及び教育的援助

◉ 少年法

少年法の目的は、少年の健全な育成を期し、非行のある少年に対して**性格の矯正及び環境の調整**に関する**保護処分**を行い、少年の刑事事件について特別な措置を講ずることです。少年法において、「少年」とは、20歳に満たないものをいい、成人とは満20歳以上のものをいいます。

• 少年の矯正施設

少年院法は、2015年6月に**新少年院法**に全面的に改正されました。新少年院法では、再非行防止のための取り組みの充実（矯正教育の基本的制度の法定化、社会復帰支援の実施、少年鑑別所の機能強化）、適切な処遇の実施（少年の権利義務関係、職員の権限明確化、保健衛生・医療の充実、不服申立制度の整備）、社会に開かれた施設運営の推進（透明性の確保）に重点が置かれました。少年鑑別所に関しては、少年院法から独立して**少年鑑別所法**が施行されました。

種別	内容	旧法
第一種少年院	心身に著しい障害がないおおむね12歳以上23歳未満の者を収容	初等少年院と中等少年院
第二種少年院	心身に著しい障害がない犯罪的傾向が進んだおおむね16歳以上23歳未満の者を収容	特別少年院
第三種少年院	心身に著しい障害があるおおむね12歳以上26歳未満の者を収容	医療少年院
第四種少年院	少年院において刑の執行を受ける者を収容	－
第五種少年院	特定少年（18歳以上の少年）で保護処分（2年間の保護観察）を受け、遵守事項が遵守されなかったと認められる場合に収容	－

• 非行少年の発見から最初の処遇

犯罪少年は、警察に捕まると検察官か家庭裁判所に送致されます。虞犯少年や触法少年は、警察に捕まると家庭裁判所送致のほか、**児童相談所所長**や**都道府県知事**に通告の上、**児童福祉法**上の措置がなされる場合があります。

• 家庭裁判所への送致後の流れ

家庭裁判所に受理されると、観護措置の必要があるときは、少年鑑別所に送致されます。その後、家庭裁判所調査官による調査が行われ審判が開始されますが、審判が不開始となることもあります。審判の開始までに試験観察がなされ、審判によって検察官への送致か、少年院への送致（矯正教育）、保護観察の決定（保護観察所）、児童自立支援施設等への送致（児童福祉法上の措置）、都道府県知事や児童相談所所長への送致（児童福祉法上の措置）、もしくは不処分のいずれかとなります。

• 検察官への送致について

検察官への送致（逆送）が行われた場合、刑事裁判所への起訴が行われ、罰金等、懲役・禁錮の執行猶予処分、懲役・禁錮の実刑処分のいずれかが下されます。実刑を受ける場合は少年刑務所を経て釈放されるか、仮釈放で保護観察所の保護観察へと移行します。執行猶予処分の場合は、保護観察所による保護観察（ない場合もある）を経て、猶予期間の経過を待つこととなります。

◉ 更生保護法

この法律は、犯罪を犯した者及び非行のある少年に対し、社会内において適切な処遇によって、再び犯罪を犯すことを防ぎ、またはその非行をなくし、改善更生することを助けるとともに、社会を保護し、個人及び公共の福祉を増進することを目的としています。

保護処分の期間は、当該保護観察処分少年が20歳に達するまでとされていますが、本人が20歳に達するまでの間が2年に満たない場合は、2年間とされています。

保護観察官	保護観察所にて、犯罪を犯した者及び非行のある少年の更生保護、犯罪の予防に関する事務に従事するもの
保護司	保護観察官を補い、地方委員会又は保護観察所長の指揮監督を受けて、保護司法に従い、それぞれの所掌事務に従事するもの

スーパーヴィジョン

● 教育分析

　SVとは異なり、精神分析では教育分析というものがあります。精神分析家自身が他の経験豊富な精神分析家から、自らの分析を行ってもらうことです。これによって、精神分析家自身が無意識に持っている葛藤や、浄化できていない過去に気付くことができます。それらを自分自身の中で解決しておくことで、臨床の中でクライエントからの転移や、クライエントへの逆転移をうまく認識し、扱えるようにすることを目指します。

● 新しい事例研究法

　近年、パーソンセンタード・アプローチでは、「批判をしない」「記録をとらない」というルールを用いた新しい事例検討法の形として、PCAGIP（ピカジップ、Person-Centered Approach Group Incident Process）という事例検討法が注目を集めてきています。

●臨床心理士資格更新制度

　臨床心理士の資格制度においては、独りよがりなカウンセリングや心理療法を行うことでクライエントに不利益を与えることのないよう、様々な安全策が講じられています。臨床心理士資格更新制度は、臨床心理士が常に研鑽を続けているかどうかを自他ともに確認するためのものとして、大切な制度といえるでしょう。

巻末資料

論述試験対策

　臨床心理士資格試験では1001〜1200字での論述試験（1000字ぴったりではダメ）が、マークシート試験とともに課されます。また、臨床心理士の指定大学院の試験でも同様、多くの大学院において出題される形式として専門用語の簡潔な解説のほか、やはり何らかの論述問題が課されることが多いようです。そこで、ここでは数百字から臨床心理士資格試験で課される1200字程度の論述を想定し、どのような書き方で論述を行えばよいか、また論述試験対策として勉強しておくべき内容についてご紹介したいと思います。

　小論文を書く際には、起承転結や序破急、序論本論結論など、いくつかのお作法があります。ちなみに日本語の論説文と英語の論説文とでは違いがあると言われますが、そのことも含めてどのような書き方が最も試験の小論文には適しているのでしょうか。

　ここで書かれることになるのは、実際には日本語ですが、文の構成の仕方としては英語の論説文の方にするとわかりやすいものとなります。英語の論説文では、まず最初に結論や主張内容がくることが特徴です。はじめに結論や主張を述べておいて、次に結論や主張に至るプロセスを本論として述べ、最後に「だから、○○ということが考えられる」というような結論で締めます。

よくある失敗例

　また、よくある失敗例として以下のようなものがあります。ご自身の小論文があてはまっているものがないか、あらかじめ確認しておきましょう。

・テーマとして指定されている内容から少しずつ離れていって、最後にだけテーマに沿った内容で結論づけている。
・テーマに関する内容についての知識について、あまり知らないからといって、途中から他の内容や語彙の説明でごまかして字数を稼いでいる。
・自分の根拠のない感想や感情的な内容を含んでいる。

　小論文は小さくても「論文」です。あくまで感想文ではないことに気を付けてください。論文では、論理・理屈が通っている内容で、首尾一貫したものであることが求められます。与えられたテーマを見て、「結論／主張として何を言いたいか」ということを初めに考え、その結論／主張に導くための論理的展開を考え、きれいな文章を作っていきます。

では、どのようなテーマが出題されるでしょうか？実際に過去出題されたテーマは以下のようなものです（ただし、問題は試験後回収されるため、一字一句同じではありません）。

■臨床心理士試験の論述：過去の出題例

平成15年度：あなたが臨床心理士として面接中、クライエントが自殺予告を行った場合、あなたはどのように対応するかについて述べよ。

平成16年度：事例研究法と数理統計的研究法では、どういった点が異なるか述べよ。

平成17年度：あなたは初めてのカウンセリングのケースでどのようなことを学びましたか。

平成18年度：医師の診断と臨床心理士の見立てとはどのように異なるか。

平成19年度：面接において沈黙はどのような意味を持ち、それに対してどのように対応すればよいか、複数の例を挙げて述べよ。

平成20年度：家族面接において家族関係を査定する際、どういった点に気を付ける必要があるか3点以上述べよ。

平成21年度：心理面接を行う意義について、自らの経験や面接に対して影響を与える要因をふまえて述べよ。

平成22年度：心理査定面接と、心理臨床面接におけるセラピストとクライエント間の関係性はどのように異なるかについて述べよ。

平成23年度：臨床心理士が他職種と連携、協働する際、重要と思われる部分を2点述べよ。

平成24年度：臨床心理士倫理綱領から1条を選び、自らの体験やそこから学べること、その後の臨床に活かされていることについて述べよ。

平成25年度：今後、臨床心理士として業務を行う上で、スーパーヴィジョンにはどういった意義があるか、あなたのこれまでの経験を交えて述べよ。

平成26年度：臨床心理査定面接や臨床心理面接で学んだことを、どのように地域援助に応用できるかについて、具体的な場面をひとつ挙げて述べよ。

平成27年度：あなたが、これまで経験した（実習を含む）臨床現場において、臨床を行う上での基本姿勢としてどのようなことを学んだか。具体例を交えて述べよ。

平成28年度：臨床心理士にとって、その他の専門職と連携することは重要である。日々

の臨床において、連携を行う際どのようなことを考え大切にするべきか、臨床心理士のアイデンティティについて、あなたの臨床経験に基づいて述べよ。

平成29年度：臨床心理士は、その独自性を活かして、どのようにしてクライエントの役に立つことができるか。あなたの臨床実践の経験に基づいて述べよ。

平成30年度：ケースカンファレンスを通じて学んだことを3点挙げ、そのなかからひとつ、あなたの心理臨床経験を交えて深く論じなさい。

令和元年：単なる心理臨床に関する知識ではなく、活きた心理臨床活動の「活きた」の意味について、自身の臨床経験を交えながら深く論じなさい。

令和2年：今後、臨床心理士として専門業務を行う際、心理的援助の内容と方法について、あなた自身の視点から臨床体験をもとにより深く論じなさい。

令和3年：個人のスーパーヴィジョンと集団のスーパーヴィジョンについて、あなた自身の経験を踏まえ、その共通点、相違点について述べ、今後の臨床実践における必要性について論じなさい。

令和4年：臨床心理面接において、あなたが考えるインフォームド・コンセントの中で重要と思う事項とその理由、そしてまた、その事項が面接に及ぼす影響を論じなさい。

　最近は心理臨床に関することが主に問われているようです。どういった内容が出てもある程度対応できるようにしておきましょう。ここでは、以下のようなテーマ（例）を考えてみましたので、1001〜1200字の論述を自分で練習してみましょう。

■臨床心理士試験の論述・予想テーマ

・臨床心理士の業務の一つに研究が挙げられるが、臨床心理士が研究を継続して行っていく意義について述べよ。

・臨床心理士が、震災後の被災地に行く場合、どのような点に気を付けて地域援助を行うべきか、具体例を挙げて述べよ。

・医療機関で働く場合と教育現場でスクールカウンセラーとして働く場合、気を付けるべきことはどんなことか、連携することも考慮して述べよ。

・発達障害の診断を受けていないが、子どもが発達障害である可能性を見立てた場合、その親や子ども本人にその可能性を伝えるべきか、理由もともに述べよ。

・民間の相談機関でカウンセリングをしている際、医療との連携が必要となった場合、

どのような点に気を付けて医療への紹介を行うかについて述べよ。

・集団心理療法と個人カウンセリングの間において、異なる点や同じように言える点について複数述べよ。

・薬物療法と心理療法、それぞれのメリットとデメリット、またそれらの併用について考えるところを述べよ。

■ 論述に対するひとつの対処法

ここでは、「ひとつの」対処法と書いたように、論述をどのように行うかは個人個人によって様々ということが言えます。ですので、ここでご紹介する内容はあくまでひとつの例でしかないということを踏まえてご覧ください。

では、例のような問題が出題されたことを想像してみてください。「意義を述べよ」「気を付けるべきことを述べよ」「どのように〜するべきか述べよ」などが問われている、ということがわかります。

このような問われている文の意味をまず理解し、そこから「意義は〜といったことである」「気を付けるべきことは〜ということが挙げられる」「〜するべきと考えられる」の"〜"の部分に入ることをまず考えましょう。

そこで主張や結論、（メリットやデメリットを聞かれているなら）メリット・デメリットについて簡単に述べます。その後、それらを主張や結論などにする理由について論理的に述べることができるよう、気を付けて論を進めていきます。ある程度そういった理由を述べることができれば、「たとえば〜といったことが挙げられる」「〜ということも考えられるためである」といった"たとえ"、具体例について述べるとより論がわかりやすくなります。

最後に、「以上のことを踏まえて〜」や「以上のことから〜」「これら〜であるように…」のような言葉を付け加えて、最初の段階で述べた主張や結論を繰り返すことで、論を閉じます。

■ 曖昧さの重要性

臨床心理士の資格試験での論述で、気を付けなければならないこととして、「〜べきである」「正しいことは〜である」と述べる際、「本当に言い切ってしまって（断言してしまって）いいのだろうか？」ということを考えてください。

臨床心理士として働く中で、断言できることというのは少なく、多くのことが「〜かもしれない」レベルであるのが実情です。「人の心や人の行動はこうあるべき」という考え

は、主観的な偏った考えでしかないため、できるだけそういった凝り固まった考えから解き放たれて、様々なことを思い巡らせることのできるような柔軟な思考が求められます。そのため、もし「～するべきだと考えられる」など、ほぼ言い切りの形にせざるを得なかった場合、「ただし～という場合も考えて…」という補足をつけるなど、何度も反芻して考えてみましょう。

臨床心理士指定大学院模試

専門科目（解答時間90分）

問1. 次の各項目について、簡単に説明しなさい。
　　1. 自動思考
　　2. 自閉スペクトラム症
　　3. DSM-5
　　4. チャムシップ
　　5. オープンダイアローグ

問2. 心理アセスメントと心理検査の違いについて述べ、あわせてカウンセリングにおける心理アセスメントの意義について論ぜよ。

問3. 臨床心理士の専門領域として、臨床心理面接や臨床心理査定、地域援助のほか「研究」がある。臨床心理士が精神疾患や心理検査に関する研究を行う場合、留意すべき事項について述べなさい。

模試解答

問1. 次の各項目について、簡単に説明しなさい。

1. 自動思考

　認知療法で用いられる言葉で、自動的かつ瞬間的に頭によぎる思考のこと。たとえばうつ病や不安が強い人のうちによぎる、自然に湧いてきてしまう否定的な考えのことをいう。それに対して適応的なものを適応思考と呼ぶ。

2. 自閉スペクトラム症

　従来、DSM-Ⅳにおいて、広汎性発達障害の中に含まれていた自閉性障害やアスペルガー障害などをスペクトラム（連続体）としてみなしたもの。DSM-5ではこのように呼ばれ、Wing, L.による三つ組の障害（社会性の障害、コミュニケーションの障害、想像性の障害）を特徴とする。

3. DSM-5

　アメリカ精神医学会（APA）による「精神疾患の診断と統計の手引き第5版」のこと。操作的診断基準に則って、精神疾患を診断する際に精神科医が用いる。DSM-Ⅳ-TRが長らく使われていたが、2013年にDSM-5が出版され、2014年には日本語翻訳版が出版された。DSM-5からの大きな特徴として、発達障害関連の項目の変更や、多軸評定の廃止などがある。

4. チャムシップ

　精神分析対人関係学派のSullivan, H.S.が、前思春期においての親友関係の重要性を唱え、このような親友との関係性のことをチャムシップとよんだ。

5. オープンダイアローグ

　フィンランドの西ラップランド地方で生まれた地域精神医療の取り組み全体、あるいはそこで行われるアプローチを指す。家族療法を学んだ2人以上のセラピストが連絡から24時間以内に駆けつけ、患者やその家族、患者の関わるソーシャルネットワーク自由で開かれた対話を行なうもの。急性の統合失調症に対して行われるが、その他の症状や問題に対しても行なうことができるとされる。

問2. 心理アセスメントと心理検査の違いについて述べ、あわせてカウンセリングにおける心理アセスメントの意義について論ぜよ。

　心理検査はいわゆる心理テストのことであり、心理アセスメント(心理査定)とは異なる。

　心理アセスメントは、カウンセリングを行なう際にクライエントが性格や能力などについて、どのような人物であるかを査定し、どのような生育歴をたどってきたのかなどから、おおよその人物像を把握すること全体を指す。

　心理検査は、心理アセスメントの中で行われる性格検査や知能検査などを指すが、心理アセスメントでは必ずしも心理検査が行われる必要はなく、必要に応じて行われるものである。

　クライエントがどのような人物であるかを査定することは決して容易ではなく、心理アセスメントは初回面接や最初の数回の面接のみで行われるわけではなく、カウンセリングのプロセスを通じて常に更新されていくものだといえる。

問3. 臨床心理士の専門領域として、臨床心理面接や臨床心理査定、地域援助のほか「研究」がある。臨床心理士が精神疾患や心理検査に関する研究を行う場合、留意すべき事項について述べなさい。

　臨床心理士の行う研究においては、精神状態や精神疾患などが曖昧でわかりにくいものであったり、またプライバシーにかかわるなど、たいへん繊細なことが多いため、臨床心理士は研究を行う際に常に細心の注意を払う必要があります。

　たとえば倫理的に研究を進めていくために、研究以外では一切データは用いられないことを明記し、被験者に了解を得るなどは必須だと考えられます。また、実際のデータを用いる際にも、それらのデータができるだけ個人を特定することができないように工夫する必要があります。

　上記のような被験者に対する配慮のほか、そのような臨床心理学的な研究を世の中に発表する際にも倫理的配慮が求められます。臨床心理学の専門家としての臨床心理士が発する発言の重みを理解し、世の中に対して悪い社会的影響を与えないように気をつけることは大切といえるでしょう。

臨床心理士資格試験模擬試験

問題1

次の記述のうち、正しいものの組み合わせを下のa.～e.の中から一つ選びなさい。

大脳新皮質は、（　A　）、（　B　）、（　C　）、（　D　）の4領域に分けて考えられる。（　A　）は、体性感覚や空間情報処理を司っており、（　B　）は、記憶、思考の統合、計画、意欲、判断などを司っている。（　C　）は、視神経とつながって視覚を司っており、（　D　）は、聴覚を司り、言語理解を担っている。

	A	B	C	D
a.	頭頂葉	前頭葉	後頭葉	側頭葉
b.	前頭葉	頭頂葉	側頭葉	後頭葉
c.	側頭葉	前頭葉	後頭葉	頭頂葉
d.	頭頂葉	側頭葉	前頭葉	後頭葉
e.	前頭葉	頭頂葉	後頭葉	側頭葉

問題2

次の人物と関連の深い用語の組み合わせについて、正しいものを選びなさい。

A.　Moniz, E＿＿＿＿＿＿＿＿＿　分離脳患者

B.　Festinger, L. ＿＿＿＿＿＿＿　認知的不協和理論

C.　Thurstone, L. L. ＿＿＿＿＿　多因子説

D.　Wolpe, J.＿＿＿＿＿＿＿＿　自律訓練法

a. A C

b. A D

c. B C

d. B D

e. C D

心理統計に関する記述について、<u>正しいもの</u>を一つ選びなさい。

    a. 重回帰分析において、説明変数間に高い相関がみられる場合、多重共線性の問題が生じる可能性がある。

    b. 共分散構造分析において、モデルの適合度を示す指標の1つとしてACIがある。

    c. ある心理療法の実施前後で健康度の指標に有意な変化があるかを検討するには「対応のないt検定」を使用する。

    d. 重回帰分析において、回帰式の当てはまりの良さを数値化したものとして決定係数があるが、これは偏相関係数の2乗である。

次の記述のうち、<u>正しいものの組み合わせ</u>を下のa.～e.の中から一つ選びなさい。

    A.MMPIは主に医療現場で用いられており、550項目の通常版と383項目からなる短縮版がある。

    B. ＳＤＳは自己評価式抑うつ尺度といい、質問項目はDSM-Ⅳの診断基準によって構成されている。

    C.EPPSは、性格を5つの特性に分けて捉えるビッグファイブ理論に基づいて作成された。

    D.Y-BOCSは、強迫症の強迫観念や強迫行為の重症度を評価する質問紙である。

    a. A C
    b. A D
    c. B C
    d. B D
    e. C D

問題5

次の人物と関連の深い用語の組み合わせについて、<u>正しいもの</u>を下のa.〜e.の中から選びなさい。

A. Piaget, J. _____ 保存の概念

B. Moreno, J. L. _____ 心理劇

C. Fantz, R. L. _____ 社会的参照

D. Vygotsky, L. S. _____ レディネス

a. A B

b. A D

c. B C

d. B D

e. C D

問題6

次の中でDSM-5の神経発達障害群に<u>含まれないもの</u>を1つ選びなさい。

a. 知的能力障害

b. 自閉スペクトラム症

c. レット障害

d. 限局性学習障害

e. 注意欠如・多動性障害

問題7

次の記述の中から、<u>正しいもの</u>を一つ選びなさい。

a. 質問紙法において、よく用いられる方法で質問に対する回答を「4. よく当てはまる」、「3. 当てはまる」、「2. どちらでもない」、「1. 当てはまらない」、「0. 全く当てはまらない」など数段階に分けて、回答を数量化する方法をSD法と呼ぶ。

b. データ数が偶数の場合、中央値はデータを値の大きい（小さい）順に一列に並べたとき、中央にくる2つの値（10個のデータがあった場合、5番目と6番目の

データの値) の平均値のことを指す。
c. 帰無仮説が正しいにも関わらず、誤って棄却してしまうことを、第二種の過誤という。
d. 信頼性係数の一つとして、インタビューで得られた質的データに対して用いるものに、クロンバックの α 係数がある。

問題8

次の記述に対する解答で、正しいものを下のa.～e.の中から一つ選びなさい。

データの性質を表すために用いられる（　A　）は、データの尺度水準によって異なる。（　B　）や比率尺度で用いられるのは平均値で、データの総和をデータの個数で割って求める。（　C　）では、データをすべて一列に並べた場合真ん中にくる中央値で表される。（　D　）では、データ全ての値の中で最も出てくる頻度が高いもので表される最頻値を用いる。

	A	B	C	D
a.	代表値	順序尺度	名義尺度	間隔尺度
b.	分散	間隔尺度	間隔尺度	順序尺度
c.	標準偏差	順序尺度	順序尺度	名義尺度
d.	代表値	間隔尺度	順序尺度	名義尺度
e.	標準偏差	間隔尺度	名義尺度	順序尺度

問題9

次の記述に対する解答で、正しいものを下のa.～e.の中から一つ選びなさい。

人間の脳波には活動時に生じる（　A　）、目を閉じて安静にしているときに出現する（　B　）、まどろみ状態に入ると生じる（　C　）、深い睡眠状態で生じる（　D　）がある。

	A	B	C	D
a.	β波	θ波	δ波	α波
b.	β波	δ波	α波	θ波
c.	θ波	δ波	α波	β波
d.	α波	β波	θ波	δ波
e.	β波	α波	θ波	δ波

問題10

次の人物名と関連の深い心理学的検査の組み合わせの中から、<u>正しいもの</u>を下のa.〜e.
の中から選びなさい。

A.Goldbrtg,D.P. _____ ＧＨＱ

B. Gesell,A. _____ 新版Ｋ式発達検査2001

C. Koch,K. _____ HTPテスト

D. Zung,W.W.K. _____ CMI

a. A B

b. A C

c. B C

d. B D

e. C D

問題11

次の記載の中で、<u>正しくないもの</u>を一つ選びなさい。

a. ドーパミンが過剰に分泌されると妄想・幻覚といった症状が現れる。

b. セロトニンが不足することで抑うつ症状が現れる。

c. 抗うつ薬として使用されているSSRIは、脳内のセロトニン量を増やすように
   働くことで抑うつ症状の改善に効果を示す。

d. ドーパミンが減少するとパーキンソン症状が現れる。

e. セロトニン、ドーパミン、ノルアドレナリンなど、脳内の神経伝達物質がうつ

病や統合失調症などの精神疾患に関連するという仮説を、モノアミン仮説と呼ぶ。

問題12

次の組み合わせの中から、正しいものを下のa.～e.の中から選びなさい。

A. Stern,W. _____ 相互作用説

B. Gesell,A. _____ 成熟説

C. Vygotsky,L.S. _____ 発達の最近接領域

D. Ainsworth,M.D _____ 視覚的選考法

a. A B

b. A C

c. B C

d. B D

e. C D

問題13

次の記述に対する解答で、正しいものを下のa.～e.の中から一つ選びなさい。

思考・感情・記憶などの個人を構成する要素が、一部またはすべて失われる状態のことを（　A　）といい、（　A　）を示す精神疾患の総称を（　A　）性障害という。この疾患は多くの場合、（　B　）によってもたらされるため、被虐待児などにもみられるものである。研究によると（　C　）型の愛着スタイルと（　A　）の関連が強いといわれている。（　A　）性障害は、（　A　）性健忘、（　A　）性同一性障害、（　D　）性障害などに分けられる。

	A	B	C	D
a.	解離	外傷体験	無秩序・無方向	離人症
b.	転換	外傷体験	アンビバレント	離人症
c.	解離	遺伝	回避	身体表現
d.	喪失	抑圧	無秩序・無方向	性同一
e.	解離	外傷体験	アンビバレント	転換

問題14

次の記述のうち、正しいものに○、誤っているものに×をつけた場合、下のa.～e.の組合せの中から、正しいものを一つ選びなさい。

A．依存性パーソナリティ障害は、他人にしがみつく行動を特徴とし、B群パーソナリティ障害に分類される。

B．解離性健忘とは、ストレスを原因とする心因的な記憶障害のことをいう。

C．強迫性障害の治療には、傾聴する支持的心理療法が求められる。

D．災害や事故の直後には、感覚が過敏になる人が多く、過覚醒や不眠といった症状だけでは病的な反応といえない。

	A	B	C	D
a.	×	○	○	○
b.	○	×	×	○
c.	×	×	○	×
d.	○	×	○	×
e.	×	○	×	○

問題15

次の記述のうち、正しいものに○、誤っているものに×をつけた場合、下のa.～e.の組合せの中から、正しいものを一つ選びなさい。

A.学校において、歯科検診や健康診断後に治療や精密検査をすることが必要になり、保護者に受診を何度促しても行動に移されない場合、当該児童生徒がネグレクトなどを受けている可能性も考慮しておくべきである。

B.虐待の可能性が疑われる児童生徒の保護者と面会したときは、必ず、子どもの前で保護者の過ちを認めさせ、今後、二度と同様の行為を行わないことを約束させるべきである。

C.性的虐待や心理的虐待は、通常の外見の観察だけでは、明らかにならないことが多い。

D.子どもが、現在、虐待を受けていることを告白した場合、聞き手は、重大な事態が起こっていることを、子どもに気づかせるため、自然な形で大げさな反応をした方がよい。

	A	B	C	D
a.	×	○	○	×
b.	○	○	×	○
c.	×	×	○	○
d.	○	×	○	×
e.	×	○	×	○

問題16

次の組み合わせの中から、<u>正しいもの</u>を下のa.～e.の中から選びなさい。

A.Fromm,E. _____ 新フロイト派

B.Hartmann,H. _____ 自我心理学

C.Klerman,G.L. _____ 出産外傷説

D.Rank,O. _____ 対人関係療法

次の記述に対する解答で、<u>正しいもの</u>を下のa.〜e.の中から一つ選びなさい。

　ストレスとは生体に適応させようとする要求と、それによって生じる心身の非特異的な反応を指す。Selye, H. はストレッサーにさらされたときの非特異的な反応を汎適応症候群と名付け、（　A　）、（　B　）、（　C　）からなるとした。またLazarus, R. は日常的ないらだち事として（　D　）を提唱し、小さないらだち事でも長期間くり返されることでストレスになりうることを示した。

	A	B	C	D
a.	ストレス反応期	抑圧期	疲労期	ライフイベント
b.	警告反応期	抵抗期	疲憊期	デイリーハッスル
c.	警告反応期	抵抗期	発散期	デイリーハッスル
d.	警告敏感期	抑圧期	疲憊期	スモールハッスル
e.	反応敏感期	抵抗期	疲憊期	ライフイベント

次の記述に対する解答で、<u>正しいもの</u>を下のa.〜e.の中から一つ選びなさい。

　愛着とは、生後間もない頃から見られる養育者と子どもとの間の絆であり、（　A　）により提唱された。（　B　）の概念は、発達早期の養育者との関わり方が自己や他者への確信となり、その後の人間関係にも影響を及ぼすというものである。この時期に母性的な関わりが不足すると、子どもの知的発達の遅れや社会性の低下などが起こることを（　C　）という。

　幼児期の愛着を測定する方法としては、Ainsworth, M.D による（　D　）がある。

	A	B	C	D
a.	Harlow,H.	内的作業モデル	母性剥奪	ストレンジ シチュエーション法
b.	Bowlby,J.	マザリング	ホスピタリズム	ストレンジ シチュエーション法
c.	Harlow,H.	マザリング	母性剥奪	スティルフェイス 実験
d.	Harlow,H.	内的作業モデル	ホスピタリズム	スティルフェイス 実験
e.	Bowlby,J.	内的作業モデル	母性剥奪	ストレンジ シチュエーション法

事例問題

次の事例を読んで、問題31から問題32の設問に答えなさい。

　小学2年生のAくんは学校で意欲が低下している状態が続いているといい、授業中に鉛筆を握るが、何をすればいいのかわかっていない様子が見られていた。担任がAくんのことを心配し、母親に知能検査を受けてみることを提案した。母は不安な様子ながらも相談機関に申し込み、A君は検査を受けることになった。

問題31

　検査の施行に関する記述のうち、<u>正しいもの</u>に○、誤っているものに×をつけた場合、下のa.～e.の組合せの中から、適切なものを一つ選びなさい。

　　A.検査途中、被検者が眠気を訴えたため休憩した。

　　B.被検者を励ますため、「その通り、正解ですよ」と伝えた。

　　C.始めはWISC-Ⅳを実施していたが、開始問題から誤答が続くことが連続して見られたため、新版K式発達検査2001に切り替えて実施した。

　　D.検査結果に影響を与えないようにするため、検査前の会話はできるだけ控えた。

	A	B	C	D
a.	○	○	×	×
b.	○	×	○	×
c.	×	×	○	○
d.	○	×	○	○
e.	×	○	×	○

問題32

検査のフィードバックに関する記述のうち、正しいものに○、誤っているものに×を
つけた場合、下のa.～e.の組合せの中から、正しいものを一つ選びなさい。

A.フィードバックには正確さが最も求められるため、学術用語を十分に交えて報
　告した。

B.検査終了後の当日、担任より本人の様子を知り、明日からの授業に役立てたい
　と電話があったため、検査結果について詳しく説明した。

C.母親へのフィードバックの際に、結果について動揺する可能性も考えて、母親
　の様子を見ながら慎重に伝えた。

D.予想される診断名は出来るだけ伝えた方が良い。

	A	B	C	D
a.	○	○	○	×
b.	×	×	○	×
c.	×	×	○	○
d.	×	○	○	×
e.	×	○	×	×

ウェクスラー式知能検査に関する記述のうち、正しいものに〇、誤っているものに×をつけた場合、下のa.～e.の組合せの中から、正しいものを一つ選びなさい。

　A．成人用のWAIS-Ⅳは、15歳～69歳を対象としている。

　B．WAIS-Ⅳでは、10の基本検査からは全検査IQのみが算出でき、5つの補助検
　　　査も合わせて実施することにより4つの指標得点も得られる。

　C．WMS-Rは、図形課題を用いた動作性の記憶検査である。

　D．ディスクレパンシーは、IQが高いほどよく出現する。

	A	B	C	D
a.	×	×	×	〇
b.	×	×	〇	×
c.	〇	〇	×	〇
d.	×	×	〇	〇
e.	〇	〇	〇	×

母親との面接に関する記述のうち、正しいものに〇、誤っているものに×をつけた場合、下のa.～e.の組合せの中から、正しいものを一つ選びなさい。

　A．困難な環境で、母親なりに頑張ってきたことをねぎらい、子どもとの関わり
　　　で工夫している点を尋ねた。

　B．母親が自分自身の問題を語っている際は、母親ではなく、一個人の問題とし
　　　て話を聞いた。

　C．面接者は母自身の生育環境やパーソナリティの問題は大きいと考えていた
　　　が、母自身が自身の問題を自覚するまで、その問題には直接はふれなかった。

　D．学校側の不満に対しては対応できないため、担任もしくは管理職に相談する
　　　ように伝えた。

	A	B	C	D
a.	×	○	×	○
b.	○	×	○	×
c.	×	×	○	×
d.	×	○	○	×
e.	○	○	×	○

問題35

学校との連携に関する記述のうち、正しいものに○、誤っているものに×をつけた場合、下のa〜eの組合せの中から、正しいものを一つ選びなさい。

A.学級崩壊状態に陥っている学級の担任から相談を受けたので、スクールカウンセラー(SC)が様子を見るために、担任に代わって授業をした。

B.SCは外部性を保つために、職員室ではなく相談室に常駐することが望ましい。

C.SCには守秘義務があるが、いじめや虐待など危険の伴うケースでは、守秘義務を越えて学校側に情報を伝えることもある。

D.学校現場で行える心理検査は限られているので、必要なときは外部の検査機関をSCが紹介する。

	A	B	C	D
a.	×	×	×	○
b.	×	×	○	○
c.	○	○	×	○
d.	×	○	○	×
e.	○	○	○	×

次の記述のうち、<u>正しいもの</u>の組み合わせを下のa.～e.の中から一つ選びなさい。

　家族療法の発端は、（　A　）のJackson,D.D.らによって、カリフォルニアにMRIが設立されたことによる。Bateson,G.の（　B　）を背景として、ワンウェイミラーやVTRなどを用いたチームアプローチもさかんに行われた。出来事を（　C　）という視点で捉えて、相互作用を重視する点は、従来の心理療法と大きく異なる。また、MRIとは別に精神分析家の（　D　）が、タブー視されていた母子同席面接を行い、精神力動的家族療法の流れを作った。

	A	B	C	D
a.	コミュニケーション派	システム論	円環的因果律	Ackerman,N.
b.	コミュニケーション派	構成主義	円環的因果律	Bowen,M.
c.	多世代派	システム論	円環的因果律	Ackerman,N.
d.	多世代派	構成主義	直線的因果律	Bowen,M.
e.	コミュニケーション派	システム論	直線的因果律	Haley,J.

家族システム理論に関する次の記述のうち、<u>正しいもの</u>に○、誤っているものに×をつけた場合、下のa.～e.の組合せの中から、<u>正しいもの</u>を一つ選びなさい。

　A.認知行動療法の実践に影響を受けている。
　B.直線的な因果律の考えに乗っ取り、問題となる家族メンバーを同定する。
　C.家族内の無意識的な防衛を解明する。
　D.コミュニケーションの相互作用を重視する。

	A	B	C	D
a.	×	○	×	○
b.	○	×	○	○
c.	○	×	×	×
d.	×	○	○	×
e.	×	×	×	○

問題38

テストバッテリーに関する次の記述のうち、正しいものに○、誤っているものに×を
つけた場合、下のa.～e.の組合せの中から、正しいものを一つ選びなさい。

A.複数の心理検査を実施するときは、質問紙法など侵襲性の低いものから始め
る。

B.行動化の激しい子どもの心理状態を理解するために、WISC-ⅣとK-ABCⅡを
実施した。

C.同一の特性を測定するテストを同時に実施することは、被検者の負担を重くす
るだけなので、行ってはならない。

D.発達の経時的変化を確認するためには、毎年同一の発達検査を実施することが
望ましい。

	A	B	C	D
a.	○	×	×	○
b.	×	×	○	○
c.	○	○	×	×
d.	○	×	×	×
e.	×	○	○	×

神経心理学検査に関する次の記述のうち、<u>正しいものに○</u>、誤っているものに×をつけた場合、下のa.～e.の組合せの中から、<u>正しいもの</u>を一つ選びなさい。

A.ウィスコンシン・カード・ソーティングテストは、高次脳機能障害の記憶力を評価するものである。

B.WAB失語症検査は全失語、ブローカー失語、ウェルニッケ失語、健忘失語のタイプを測定できる。

C.スパン課題は、AD/HDや統合失調症者に用いられることがある。

D.ベントン視覚記銘検査は、コルサコフ症候群の判別に優れている。

	A	B	C	D
a.	×	○	○	×
b.	○	○	○	×
c.	×	×	○	○
d.	○	×	○	○
e.	×	○	○	○

MMPIに関する次の記述のうち、<u>正しいものの組み合わせ</u>を下のa～eの中から一つ選びなさい。

A.L尺度は、意図的に社会的に望ましい方向に回答する傾向を測定する。

B.最も高い臨床尺度の疾患名は、診断の補助として用いられる。

C.ゴールドバーグ指標は、神経症傾向か、精神病的傾向かを弁別するものである。

D.SDSは、MMPIの2（抑うつ）尺度の項目だけを抽出した質問紙検査である。

a. A B
b. A C
c. A D
d. B C
e. C D

問題41

心神喪失者等医療観察法に関する次の記述のうち、<u>正しいものの組み合わせ</u>を下の
a.～e.の中から一つ 選びなさい。

A.検察官の申し立てにより、地方裁判所で処遇が決定される。

B.対象となる犯罪行為は、殺人や強盗などの重大な他害行為であり、未遂の場合
は対象にならない。

C.退院が許可された後も、原則として3年間は指定通院医療機関による医療を受
けなければならない。

D.本法の目的は、心神喪失の状態で重大な他害行為を行った者に対して、性格の
矯正及び環境の調整に関する保護処分を行うことである。

a. A B
b. A C
c. A D
d. B C
e. C D

問題42

遊戯療法に関する次の記述のうち、<u>正しいものに○</u>、誤っているものに×をつけた場
合、下のa.～e.の組合せの中から、<u>正しいもの</u>を一つ選びなさい。

A.様々な種類の玩具を準備することで、子どもの多彩な表現を可能とする。

B.クライエントの身体的安全を守る。

C.普段遊び慣れた玩具を持ってこさせることは治療的である。

D.プレイルームの環境を一貫したものにする。

	A	B	C	D
a.	○	○	×	○
b.	×	×	○	×
c.	○	×	×	○
d.	×	○	○	×
e.	○	○	○	×

問題43

神経心理学的検査に関する次の記述のうち、正しいものに○、誤っているものに×をつけた場合、下のa.〜e.の組合せの中から、正しいものを一つ選びなさい。

A. N式老年用精神状態尺度は、認知症の重症度を3段階に分けて評価する。

B. レーヴン色彩マトリックス検査は、言語を必要とせずに実施可能である。

C. COGNISTATは、認知症の評価だけでなく、高次脳機能障害の評価にも利用されている。

D. ADASは、認知症のスクリーニング検査である。

	A	B	C	D
a.	×	×	×	○
b.	×	○	○	×
c.	○	○	×	○
d.	×	×	○	○
e.	○	○	○	×

事例問題A

次の表は、21歳の女性Aさんに実施したロールシャッハ・テストの結果である。次の事例を読んで、問題44から問題45の設問に答えなさい。

Summary Scoring Table

R	78	W:D	11:10	M:FM	7:4
Rej.	0	W%	68%	F%/ΣF%	27/77
TT	57'02"	Dd%	9%	F+%/ΣF+%	81/65
RT(Av.)	5'24"	S%	1%	R+%	63%
R1T(Av.)	12"	W:M	10:4	H%	19%
R1T(Av. N.C)	2"	M:ΣC	6：3.5	A%	70%
R1T(Av. C.C)	10"	FM+m：Fc+c+C'	5:1.5	At%	0%
Most Delayed Card	X,15"	Ⅷ+Ⅸ+X/R	12%	P(%)	4(0.05%)
M.D.C.	Ⅳ	FC：CF+C	3:1	CR	5
		FC+CF+C：Fc+c+C'	2:0.5	DR	6

問題44

Aさんのロールシャッハ・テストのスコアに関する次の記述のうち、<u>正しいものの組み合わせ</u>を下のa.～e.の中から一つ選びなさい。

    A.A%の数値は、一般に期待される範囲内にある。

    B.体験型は内向型である。

    C.P反応の数は、一般に期待される範囲内にある。

    D.総反応数は、一般に期待される範囲内にある。

a. A B
b. A C
c. B C
d. B D
e. C D

Aさんのロールシャッハ・テストの解釈に関する次の記述のうち、正しいものに○、誤っているものに×をつけた場合、下のa.～e.の組み合わせの中から正しいものを一つ選びなさい。

A. W反応が多く、M:ΣCのMの数値が高いことから、知能の高さが伺える。
B. R1T（Av.C.C）の数値からは、感情の統制の弱さが伺える。
C. Dd％の数値は、強迫性の強さを示唆している。
D. S（空白反応）は1％と少ないため、一般よりも低い値といえる。

	A	B	C	D
a.	○	×	×	○
b.	×	○	○	○
c.	×	×	○	×
d.	×	○	×	×
e.	×	○	○	×

ロールシャッハテスト（包括システム）に関する記述のうち、正しいものの組み合わせを下のa.～e.の中から一つ選びなさい。

A. 反応内容は原則として、逐語的に記録して記号化する。
B. 図版Ⅸと図版Ⅹには、P反応は存在しない。
C. SCZIはうつ病についての診断材料となる特殊指標である。

D.形態水準は＋、o、u、－の4つに分類される。

a. A B
b. A C
c. A D
d. B C
e. C D

ロールシャッハテスト（片口法）に関する記述のうち、正しいものの組み合わせを下のa.～e.の中から一つ選びなさい。

A. 体験の型は、人間運動反応型、色彩反応型、形態反応型に分けられる。
B. 微小部分反応（d.）は批判的能力を示す。
C.脳の器質障害の有無を査定する指標としてOrganic Signがある。
D.平凡反応が50％を超える場合は、バランスのよい適応的な思考が出来ていると考える。

	A	B	C	D
a.	×	○	×	×
b.	○	×	○	×
c.	×	×	○	×
d.	×	×	○	○
e.	○	×	×	×

Y-G性格検査に関する次の記載の中で、正しくないものを一つ選びなさい。

a. 12の尺度に各10の質問項目があり、全部で120項目がある。
b. 類型論を基盤としているが、結果の解釈については特性論を用いている。

c. キャリアカウンセリングなど、職業の適性を測定する際にもよく用いられる。

d. 虚偽尺度がないため、検査の信頼性には問題点がある。

e. 情緒安定性、社会適応性、向性の観点から5つのタイプに分けられる。

問題49

受理面接に関する次の記述のうち、正しいものに○、誤っているものに×をつけた場合、下のa.～e.の組合せの中から、正しいものを一つ選びなさい。

A. 受理面接の目的は、治療を行うことではなく、当該機関がケースを受理することが適切か判断するために行う。

B. より適切な機関がある場合はリファーを行う。

C. 当該機関でどのような支援が行えるかについての説明を行う。

D. 受理面接と査定面接は同意義である。

	A	B	C	D
a.	×	○	×	○
b.	○	×	○	○
c.	○	×	○	×
d.	×	○	○	○
e.	○	○	×	○

問題50

面接記録に関する次の記載の中で、正しくないものを一つ選びなさい。

a. 心理検査の結果も面接記録と同様、公的な記録として十分な注意を払って保管すべきである。

b. 面接中に記録する際は、メモを取ることに集中し過ぎてクライエントの表情などを見逃すことがないように、気を付ける必要がある。

c. 面接記録には、クライエントが語ったこと以外にも、表情や外見から受ける印象も記載することもある。

d. 面接記録は、クライエントに開示する可能性を考えて、専門用語を多用しないように努める必要がある。

e. 面接終了後、できるだけ早く記録するよう努める。

薬物療法に関する次の記載の中で、<u>正しくないもの</u>を一つ選びなさい。

a. 抗精神病薬は妄想や幻覚などの陽性症状を抑える効果がある。

b. 薬物療法についてのクライエントの疑問については臨床心理士が対応する。

c. ベンゾジアゼピン系の薬剤は睡眠導入剤などに使用されている。

d. 眠気や口渇などの副作用は抗コリン作用によって生じる。

森田療法に関する次の記述のうち、<u>正しいものの組み合わせ</u>を下のa.～e.の中から一つ選びなさい。

A. 治療形態は入院が基本であり、退院後はフォローアップとして外来治療を受ける。

B. 治療の経過は、絶対臥褥期から軽作業期、重作業期、生活訓練期の4段階をたどる。

C. 治療者は問題や原因を追究しない不問的態度が重視される。

D. 「気にしないでおこう」とすればするほど気にしてしまうといった悪循環に陥るメカニズムのことをヒポコンデリー性基調という。

a. A B

b. A C

c. A D

d. B C

e. C D

自律訓練法に関する次の記述のうち、<u>正しいものの組み合わせ</u>を下のa.〜e.の中から一つ選びなさい。

 A. 受動的注意集中とは、あるがままに似た概念である。

 B. 背景公式と6つの訓練公式からなる。

 C. どのような姿勢でも効果は変わらない。

 D. 第一公式は「両手両足が温かい」である。

 a. A B

 b. A C

 c. A D

 d. B C

 e. C D

認知症の検査に関する次の記載の中で、<u>正しくないもの</u>を一つ選びなさい。

 a. HDS-Rでは、見当識を問う課題や図形を模写する動作課題がある。

 b. N式老年者用精神状態尺度は、被検者本人への問診ではなく、行動観察や家族などへの聞き取りから評価する。

 c. RBMTは、日常生活で必要とされる記憶能力を評価する。

 d. ADASは、言語や認知機能をより詳細に評価できるが、実施に時間がかかる。

 e. MMSEは認知症のスクリーニングに用いられ、23点以下で軽度認知症の疑いがあるとされる。

問題63

守秘義務に関するに関する次の記述の中で、<u>正しくないもの</u>を一つ選びなさい。

　　a. 自傷他害のおそれがある場合は、クライエントには出来る限り伝えないで適切
　　　な機関に連絡する。
　　b. 組織に所属している場合、担当外のケースにおいても守秘義務が発生する。
　　c. 臨床心理士が扱う個人情報は、その業務の性質上、特段の注意が必要とされる。
　　d. 産業領域においての活動では、個人情報が人事の問題に影響する可能性がある
　　　ので、注意が必要である。
　　e. 学校臨床においては、個人の守秘義務よりも集団の守秘義務が優先される場合
　　　がある。

問題64

危機介入に関する次の記述のうち、<u>正しいもの</u>に〇、誤っているものに×をつけた場
合、下のa.～e.の組合せの中から、<u>正しいもの</u>を一つ選びなさい。

　　A. できるだけ早く元の状態に戻すことが目的であるため、援助者が主導的態度を
　　　取ることが多い。
　　B. 臨床心理士が短期的に支援に入る場合、デブリーフィングをできるだけ早めに
　　　行う。
　　C. 災害直後には、過覚醒状態による不眠がよく見られるが、病的な不眠とは分け
　　　られる。
　　D. 行政などのフォーマルなサポートよりも、家族や友人といったインフォーマル
　　　なサポートを優先的に活用していく。

	A	B	C	D
a.	〇	×	〇	×
b.	×	〇	〇	〇
c.	×	〇	×	×
d.	〇	×	〇	〇
e.	〇	〇	×	×

対象関係論に関する次の記述の中で、<u>正しくないもの</u>を一つ選びなさい。

   a. エディプス期以前の母子関係における自我状態を対象関係論では扱う。

   b. Winnicott, D.W.の提唱した偽りの自己とは、抱える環境の失敗に対して自己を防衛するために分裂して組織化されたものである。

   c. 原始的防衛機制は妄想－分裂ポジションと抑うつポジションのどちらでも見られる。

   d. 抑うつポジションでも全体対象は成立しない。

   e. Klein, M.の「対象」とは人物とは限らず、よだれかけなどの非生物も含む。

問題 66

いじめに関する次の記述の中で、<u>正しくないもの</u>を一つ選びなさい。

   a. いじめへの対応は、いじめられた児童生徒の側に立って行うものとされている。

   b. いじめの起こった場所が学外であれば、学校ではいじめと捉えて対応することができない。

   c. いじめが疑われた場合は、学校は事実関係の確認をするが、客観的な証拠がなくても、対象となった児童生徒が心身の苦痛を感じていればいじめとして扱う。

   d. いじめを受けた児童生徒の教育を受ける権利を侵害することのないよう、学校は別室登校などの必要な措置を講じる義務がある。

   e. 国及び地方公共団体は、いじめに関する通報や相談を受ける体制を整備しなければならない。

問題 67

臨床心理士の倫理に関する次の記述の中で、<u>正しくないもの</u>を一つ選びなさい。

   a. 防止や回避が可能であったにもかかわらず、臨床心理士が処置を誤った結果、臨床心理士は医療過誤に問われる。

   b. 臨床心理士倫理綱領は、責任や技能などを含む全7条からなる。

c. 倫理綱領において、クライエントだけでなく、その関係者とも私的な関係を結ぶことを禁じられている。

d. 臨床心理士は常に知識と技術を研鑽し、高い技能水準を保つよう求められている。

e. 臨床心理士には、クライエントの秘密を守る守秘義務が課せられている。

問題68

虐待に関する次の記述のうち、<u>正しいものの組み合わせ</u>を下のa.〜e.の中から一つ選びなさい。

A.児童虐待防止法における「保護者」とは、親権者や未成年後見人のことのみを指す。

B.児童虐待を受けたと思われる者を発見したときは、たとえ確証がない場合でも、通告しなければならない。

C.要保護児童対策地域協議会は、児童福祉の専門家と地域の民生委員・児童委員とで構成される。

D.児童を一時保護した場合、児童相談所長は保護者との面会や通信を制限することができる。

a. A B
b. A C
c. A D
d. B C
e. B D

問題69

集団療法に関する次の記述のうち、<u>正しいものの組み合わせ</u>を下のa.〜e.の中から一つ選びなさい。

A. エンカウンターグループでは、受容・共感・純粋性の原則のもと、お互い率直な気持ちや意見を言い合う。

B. 集団精神療法は自助グループの研究から発展した。

C. 原始的で無意識的な凝集性の働くグループ心性を、Bion, W. R.は基底的想定と名付けた。

D. サイコドラマにおける補助自我とは、観客としての役割を持つ。

a. A B
b. A C
c. A D
d. B C
e. C D

問題70

高齢者に関する次の記述のうち、正しいものに○、誤っているものに×をつけた場合、下のa.〜e.の組合せの中から、正しいものを一つ選びなさい。

A．健康寿命とは、0歳の子どもが平均してあと何年生きられるかを示すものである。

B．日本は2010年以降、65歳以上の高齢者の割合が21％を超した超高齢社会となっている。

C．回想法は、認知症だけでなく健康な高齢者に対しても有効である。

D．高齢者の精神疾患についてアセスメントする際には、うつ状態、認知症、せん妄、妄想に留意する。

	A	B	C	D
a.	×	○	○	○
b.	○	×	○	×
c.	×	○	×	○
d.	×	○	○	×
e.	○	○	×	○

自閉性スペクトラム障害に関する次の記述のうち、正しいものに○、誤っているものに×をつけた場合、下のa.〜e.の組合せの中から、正しいものを一つ選びなさい。

A.サリーとアン課題と呼ばれる自己中心性課題を通して、心の理論の習得を推測できる。

B.高機能高汎性発達障害は、高汎性発達障害の特徴が見られるが知的障害の伴わない場合に診断される。

C.DSM-5では、対人相互作用、コミュニケーション、行動・興味の限定と反復の3つの障害から診断される。

D.自閉性スペクトラム障害の症状は幼児期より認められる。

	A	B	C	D
a.	○	○	×	○
b.	○	×	○	○
c.	○	○	×	×
d.	×	○	○	×
e.	×	×	×	○

問題72

双極性障害に関する次の記述のうち、正しいものに○、誤っているものに×をつけた場合、下のa.〜e.の組合せの中から、正しいものを一つ選びなさい。

A.双極性Ⅱ型障害では、躁病と抑うつエピソードの反復が見られる。

B.躁病エピソードには、多弁、連合弛緩、注意散漫などがある。

C.気分変調性障害は、軽躁病と抑うつ症状を2年以上反復するものである。

D.抑うつエピソードでは、自殺企図や希死念慮が見られる。

	A	B	C	D
a.	○	×	×	○
b.	×	○	○	×
c.	×	○	×	○
d.	○	×	○	×
e.	×	×	×	○

問題73

神経心理学的疾患に関する次の記述のうち、正しいものに○、誤っているものに×を
つけた場合、下のa.～e.の組合せの中から、正しいものを一つ選びなさい。

A.レビー小体型認知症では、幻覚の症状があらわれる。

B.ウェルニッケ症候群では、作話が特徴的で人格の変化がみられる。

C.老年性認知症は、アルツハイマー型認知症とパーキンソン型認知症が多くみられる。

D.ピック病は、若年発症しやすく、人格変化が中心になる認知症である。

	A	B	C	D
a.	×	○	×	○
b.	○	×	×	○
c.	○	×	○	×
d.	×	○	○	×
e.	×	×	○	○

438

子どもの障害に関する次の記述のうち、正しいものに○、誤っているものに×をつけた場合、下のa.～e.の組合せの中から、正しいものを一つ選びなさい。

A．行為障害は、14歳未満で傷害や窃盗などの違法行為を繰り返す場合に診断される。

B．分離不安障害は、養育者との分離に過剰なほど不安を示し、パニックを起こす18歳未満の子どもに診断される。

C．小児期発症流暢障害とは、会話の際に何度も詰まったり同じ音を繰り返したりすることで、コミュニケーションに困難を持つものである。

D．チック障害の中でも、1年以上持続するものを持続性運動または音声チック障害という。

	A	B	C	D
a.	○	×	×	○
b.	×	○	○	×
c.	×	○	○	○
d.	○	×	○	×
e.	×	×	×	○

トラウマに関する次の記述のうち、正しいものに○、誤っているものに×をつけた場合、下のa.～e.の組合せの中から、正しいものを一つ選びなさい。

A.フラッシュバックや過覚醒などの症状が、トラウマ体験より3週間以上続く場合に、PTSDと診断される。

B.解離性同一性障害には、被虐待体験などのトラウマが関連している場合が多い。

C.死の危険を感じる出来事や被虐待経験を受けた際のみに、トラウマとされる。

D.子どもの場合のトラウマ反応は、まとまりのない落ち着いた感じやいらだちで

表されることが多い。

	A	B	C	D
a.	×	○	○	○
b.	○	×	×	○
c.	○	×	○	○
d.	×	○	○	×
e.	×	○	×	○

問題76

次の人物と関連の深い用語の組み合わせについて、正しくないものを選びなさい。

a. Moreno,J. _____ 心理劇

b. White,M. _____ ナラティヴセラピー

c. Allen,F. _____ 関係療法

d. 山中康裕 _____ 風景構成法

e. Winnicott,D.W. _____ スクイグル法

事例問題

次の事例を読んで、問題77から問題78の設問に答えなさい。

　小学4年生のAは授業中落ち着きがなく、何か刺激があると立ってそこへ向かってしまう。休み時間も、友人と遊んでいて気にいらないことがあると言葉で不満を伝えるのではなく、手を上げて友人を叩いたりしてしまう。家庭でも、何度母親が注意しても同じことを繰り返している。Aとしては担任の先生に指導されると、泣いて反省するが、2、3日後にまた同じことを繰り返し、Aも担任の先生も指導をされること、することに疲労感を覚えている。

Aへの対応について、スクールカウンセラーとして担任から相談を受けた場合、下記の対応のうち、最も適切なものを選びなさい。

a. 担任の先生も疲れているので、個人のカウンセリングをする。

b. 発達障害の疑いがあると母親に告げて、医療機関への受診を薦める。

c. 友人に手を上げてしまうのは、Aが母親に身体的虐待を受けているからだと考えられるため、すぐに通告する。

d. 青年期になると多動は落ち着くことが多いので、様子を見ることを薦める。

e. 学校内で見られる、Aの長所を担任と共に探す。

問題78

ADHD児への関わりについての次の記述のうち、正しいものに○、誤っているものに×をつけた場合、下のa.～e.の組合せの中から、正しいものを一つ選びなさい。

A.うまくやれた時を重視し、得意なことで活躍を出来るよう場を作る。

B.スモールステップの考えを活かし、少しの努力で達成可能な目標を立てる。

C.一日の終わりや一週間の終わりなど、節目の際に振り返ってほめる。

D.メモの活用など環境調整などを試み、注意を持続しやすい環境をつくる。

	A	B	C	D
a.	×	×	○	○
b.	○	×	○	○
c.	○	○	×	×
d.	×	○	○	×
e.	○	○	×	○

事例問題

次の事例を読んで、問題79から問題80の設問に答えなさい。

　対人関係がうまく作れないことを訴えて大学の学生相談室に来談した大学3年生のAさん。話を聞いていく中で、幼少のころから人間関係を作る事が苦手であり、また現在はゼミや授業にもほとんど出られていないとのことがわかった。

問題79

このような場合に相談員として取る下記の対応のうち、最も適切と考えられるものを選べ。

　　a. ゼミの教員に連絡を取り、出席状況や今後の方針について相談を行う。
　　b. 教務センターなどの事務職員に連絡を取り、履修相談をしてもらうよう伝える。
　　c. Aさん本人の意向を確認し、どういった支援が必要かを検討する。
　　d. 発達障害の疑いがあるので、病院の受診を勧める。
　　e. 保護者に連絡をとり、本人の状況を把握しているか確認する。

問題80

大学の学生相談室主催で、学生対象のグループワークを行うことになった。実施上で留意することとして不適切なものを下記の内から選べ。

　　a. 人数の調整を行うため、事前申込制を取る。
　　b. 様々な人が集まるよう、グループ内の年代や学部などはバラつきを持たせる。
　　c. 理解を促進するために、視覚的な補助教材を作成する。
　　d. 適切な進行を行うため、時間配分と進め方は厳密に決めておく。
　　e. 学生同士のトラブルを避けるため、適切な数のファシリテーターが参加しておく。

問題81

配偶者暴力防止法に関わる次の記述のうち、<u>正しいものに○、誤っているものに×</u>をつけた場合、下のa.〜e.の<u>組合せ</u>の中から、<u>正しいもの</u>を一つ選びなさい。

A.本法で定める配偶者からの暴力には、心理的な暴力も含める。

B.配偶者暴力相談支援センターは、保護命令の申し立てを被害者に代わって行う。

C.生活の本拠を共にする交際相手に対しても、配偶者に準ずるとして本法を適用できる。

D.配偶者暴力相談支援センターでは、安全確保のための一時保護を行い、母子生活支援施設では自立を促進する支援を行うという役割分担がされている。

	A	B	C	D
a.	○	×	×	○
b.	×	○	○	×
c.	×	○	×	○
d.	○	×	○	×
e.	×	×	×	○

問題82

臨床心理士として活動するための倫理に関する次の記述のうち、正しいものに○、誤っているものに×をつけた場合、下のa.～e.の組合せの中から、正しいものを一つ選びなさい。

A.友人が親子関係のことで悩んでおり、カウンセリングを受けたいと話していたので、自分の勤務する相談機関に申し込んでもらい、自分で担当することにした。

B.自殺の可能性があるクライエントの家族に、夜間でも電話相談を受けている相談機関を教えた。

C.友人ができないと悩むクライエントに、まずは臨床心理士自身が友人となるために、勤務時間外に食事に行く約束をした。

D.クライエントの家族から相談に来ているのかという問い合わせがあったが、クライエントの同意を得られていないので教えなかった。

	A	B	C	D
a.	○	×	×	○
b.	×	○	○	×
c.	×	○	×	○
d.	○	×	○	×
e.	×	×	○	×

問題83

コミュニティ心理学と地域援助に関する次の記述のうち、<u>正しいものに○、誤っているものに×</u>をつけた場合、下のa.～e.の組合せの中から、<u>正しいもの</u>を一つ選びなさい。

A.コミュニティ心理学は、Caplan, G. の考えに基づいている。

B.カプランは第1次予防～第4次予防の予防的介入の概念を提唱した。

C.臨床心理士は心理検査や心理療法といった直接的な関わり方の他、コンサルテーションといった間接的な関わり方も行うほうがよい。

D.うまく自分の主張が出来ない人のかわりに、代理人が主張することをエンパワメントという。

	A	B	C	D
a.	○	×	○	○
b.	○	×	×	○
c.	○	×	○	×
d.	×	○	○	×
e.	×	○	×	○

精神保健福祉法に関する次の記述のうち、正しいものに○、誤っているものに×をつけた場合、下のa.～e.の組合せの中から、正しいものを一つ選びなさい。

    A.任意入院では、患者本人が退院を申し出た場合、退院を制限することはできない。

    B.精神保健福祉法で定める家族等には、配偶者、親権者、後見人、保佐人が含まれ、該当者がいない場合は市町村長が代理を務める。

    C.本法では、精神保健福祉センターの設置を都道府県と政令指定都市に義務付けている。

    D.精神障害者に自傷他害のおそれがある場合、病院管理者は措置として入院させることができる。

	A	B	C	D
a.	○	×	×	○
b.	×	○	○	×
c.	×	○	×	○
d.	○	×	○	×
e.	×	×	○	×

問題85

スクールカウンセラーとして勤務する場合の関わりに関する次の記述のうち、正しいものに○、誤っているものに×をつけた場合、下のa.～e.の組合せの中から、正しいものを一つ選びなさい。

    スクールカウンセラーとして勤務する高校で、女子生徒A子が先生に連れられて相談室に来た。生徒は2か月程前から悪口を言われているというが、先生が調査をしてもそのような様子は見られなかったという。

A.A子の訴えを支持的に聴く。

B.A子の訴えは現実的でないため、統合失調症を発症している可能性があると伝え、入院を薦める。

C.A子の訴えをよく聞き、A子が悪口を言っていると指摘したクラスメイトを呼び出してどうしてそんなことをするのか聞き出す。

D.先生に、A子の普段の様子や以前と変わったことはないか詳しく聴く。

	A	B	C	D
a.	○	×	×	○
b.	○	○	×	○
c.	×	×	○	○
d.	×	○	○	×
e.	○	○	×	×

問題86

児童虐待や児童に関する次の記述のうち、正しいものに○、誤っているものに×をつけた場合、下のa.～e.の組合せの中から、正しいものを一つ選びなさい。

A.児童虐待のおそれがある場合、都道府県知事は保護者に対し、出頭を求めることができる。

B.児童虐待への対応は、児童福祉法に定められている。

C.児童虐待の通告は、臨床心理士の守秘義務よりも優先される。

D.一時保護は、必ず児童相談所で行わなければならない。

	A	B	C	D
a.	○	×	×	○
b.	×	○	○	×
c.	×	○	×	○
d.	○	×	○	×
e.	×	×	○	×

問題87

ゲシュタルト療法に関する次の記述のうち、<u>正しいものに○</u>、誤っているものに×を
つけた場合、下のa.～e.の組合せの中から、<u>正しいもの</u>を一つ選びなさい。

A.空のいすを使って、「エナクトメント」などの技法を用いることもある。
B.ゲシュタルト療法とは、パールズが創始し、人間性心理学に含まれる。
C.「いま、ここで」の気づきを重視するが、夢分析も重要視している。
D.「ゲシュタルト」とは、「形」や「全体」をあらわすドイツ語である。

	A	B	C	D
a.	×	○	○	○
b.	×	×	○	×
c.	×	○	×	○
d.	○	○	×	○
e.	○	×	×	○

問題88

いくつかの心理療法に関する次の記述のうち、<u>正しいものに○</u>、誤っているものに×
をつけた場合、下のa.～e.の組合せの中から、<u>正しいもの</u>を一つ選びなさい。

A. Kohut,H.は、自己愛性パーソナリティ障害の研究から自己心理学を確立した。

B. Bion,W.R.は、対象関係論の考えを継承し、治療者の機能としてcontainの概念を提唱した。

C. Freud,A.などの自我心理学派では、原始的防衛機制を重視した。

D. Sullivan,H.S.などの対人関係学派では、特に幼児と母親との関係を重視した。

	A	B	C	D
a.	○	○	×	×
b.	×	○	×	○
c.	×	○	○	×
d.	○	×	×	○
e.	○	×	○	×

問題89

自閉症や発達障害に対する心理療法に関する次の記述のうち、<u>正しいものに○、誤っているものに×</u>をつけた場合、下のa.～e.の組合せの中から、<u>正しいもの</u>を一つ選びなさい。

A. TEACCHは、統合失調症患者のコミュニケーションについてのアプローチ方法であるが、自閉症児にも用いられることがある。

B. 発達障害に対しては、精神分析を行うと気づきを得ることが多く有効であるとされている。

C. ABAは応用行動分析といい、行動療法を基礎とし、行動変容を目指す心理療法であり、発達障害や自閉症へ有効であるとされている。

D. 成人期の発達障害や自閉症の方へは、ソーシャルスキルトレーニングを行うことがある。

	A	B	C	D
a.	◯	◯	◯	×
b.	×	◯	◯	◯
c.	◯	◯	×	×
d.	×	×	◯	◯
e.	◯	×	×	◯

問題90

発達心理学に関する次の記述のうち、正しいものに◯、誤っているものに×をつけた場合、下のa.～e.の組合せの中から、正しいものを一つ選びなさい。

A.乳児が人見知りし始める時期は、生後7～8ヶ月であり、8ヶ月不安と呼ばれる。

B.口唇探索反射は、口に触れたものを何でも無意識に吸おうとする反射運動である。

C.生後1～2ヶ月頃から見られる、「あー」「うー」など母音による発声を喃語という。

D.大人が見せた動作と同じ動きを新生児が行うことを、共鳴動作といい、単なる模倣行動とは区別される。

	A	B	C	D
a.	◯	×	×	◯
b.	×	◯	×	◯
c.	×	×	◯	×
d.	◯	◯	×	◯
e.	◯	×	◯	×

心理学の歴史に関する次の記述のうち、<u>正しいもの</u>に○、誤っているものに×をつけた場合、下のa.～e.の組合せの中から、<u>正しいもの</u>を一つ選びなさい。

A.Wundt, W.は自らの意識を観察し記述することによって人の意識を研究しようとした。

B.心理学は1900年代になってからアメリカで始まった新しい学問であるため、今後さらに発展していくことが求められている。

C.心理学は実験心理学から始まり、さまざまな心理学が生まれ、臨床心理学は精神分析から始まりさまざまな学派が生まれてきている。

D.心理学初期に実験心理学の中で行われていた内観法は日本で生まれた内観療法の基礎となっている。

	A	B	C	D
a.	○	×	○	×
b.	×	×	○	○
c.	○	○	○	×
d.	×	○	×	○
e.	×	○	○	○

会社員の男性が不眠を訴えて精神科クリニックを受診した。そのような場合の対応について適切なものに○、誤っているものに×をつけた場合、下のa.～e.の組み合わせの中から、適切なものを一つ選びなさい。

A.不眠が始まった時期に震災が起きていたため、PTSDの可能性があると考える。

B.不眠のほか、多弁で注意散漫な様子が見受けられたため、気分が落ち込む可能性は考えられない。

C.休養の必要性があると判断され、会社の病気休暇制度について調べることを勧める。

D.クライエントの生活状況を訊くと運動不足であったため、不眠は運動をすることで改善可能だと説明し、運動するよう強く勧めた。

	A	B	C	D
a.	○	×	×	○
b.	×	○	×	○
c.	×	×	○	×
d.	○	○	×	○
e.	○	×	○	×

問題93

非行少年に関する次の記述のうち、適切なものに○、誤っているものに×をつけた場合、下のa.～e.の組み合わせの中から、適切なものを一つ選びなさい。

A.虞犯少年は、14歳未満で法に触れる行為をした少年のことをいう。

B.試験観察とは、保護処分を直ちに決定することが困難な場合、少年を家庭裁判所調査官の観察に付すことをいう。

C.少年院は、少年の健全な育成を図ることを目的として矯正教育、社会復帰支援等を行う施設である。

D 第三種少年院は、心身に著しい故障がある概ね16歳～20歳の者を収容する。

	A	B	C	D
a.	○	○	×	×
b.	×	○	×	○
c.	×	○	○	×
d.	○	×	×	○
e.	○	×	○	×

問題94

ゲシュタルト心理学・行動主義に関する次の記述のうち、正しいものに○、誤っているものに×をつけた場合、下のa.～e.の組合せの中から、正しいものを一つ選びなさい。

A. Lewin, K.は、人の行動は人と環境の相互作用による働きによるものとしたグループダイナミクス理論を提唱したことで有名である。

B. Tolman,E.C.がアルバート坊やの実験を公表したことが、行動主義に大きな影響を与えた。

C. Watson, J. B.は、条件反射を生じさせる刺激を重視し、刺激－反応理論（S-R理論）を提唱し、その後Hull,C.L.が新行動主義として改良してS-O-R理論を提唱した。

D. Skinner, B. F.は、オペラント条件付けによるさまざまな技法を開発し、今も用いられている。

	A	B	C	D
a.	○	○	×	×
b.	×	○	○	○
c.	○	○	×	○
d.	○	×	×	×
e.	○	×	×	○

さ

- 無藤隆・やまだようこ・南博文・麻生武・サトウタツヤ (2004) 質的心理学 ―創造的に活用するコツ. 新曜社.
- 永井徹 著 (2005) 子どもの心理臨床入門. 金子書房.
- 中島義明・繁桝算男・箱田裕司 編 (2005) 新・心理学の基礎知識. 有斐閣.
- 中島義明・安藤清志・子安増生・板野雄二・繁桝算男・立花政夫・箱田裕司 編 (2010) 心理学辞典. 有斐閣.
- 中村伸一 著 (2011) 家族・夫婦臨床の実践. 金剛出版.
- 中村友靖・松井仁・前田忠彦 共著 (2006) 心理統計法への招待. サイエンス社.
- 成田善弘 著 (2003) セラピストのための面接技法―精神療法の基本と応用. 金剛出版.
- 日本家族研究・家族療法学会 編 (2013) 家族療法テキストブック. 金剛出版.
- 日本心理臨床学会 (2011) 心理臨床学事典. 丸善出版.
- 小此木啓吾・馬場謙一 編 (1977) フロイト精神分析入門. 有斐閣新書.
- 佐治守夫・飯長喜一郎 編 (1983) ロジャーズ クライエント中心療法. 有斐閣新書.
- 佐藤郁哉 著 (2008) 質的データ分析法 原理・方法・実践. 新曜社.
- 佐藤宏平・三澤文紀・生田倫子・久保順也 著 長谷川啓三・若島孔文 編 (2002) 事例で学ぶ家族療法・短期療法・物語療法. 金子書房.
- 重野純 著 (1994) キーワードコレクション心理学. 新曜社.
- 清水裕 著 (2003) 社会心理学の基礎と発展. 八千代出版.
- 下山晴彦 著 (2000) 臨床心理学研究の技法 シリーズ・心理学の技法. 福村出版.
- 下山晴彦 著 (2009) よくわかる臨床心理学 (改訂新版). ミネルヴァ書房.
- ケヴィン シルバー・苧阪 満里子・苧阪 直行 (2005) 心の神経生理学入門―神経伝達物質とホルモン (心理学エレメンタルズ). 新曜社.
- 高橋雅春・高橋依子 著 (1993) 臨床心理学序説. ナカニシヤ出版.
- 高橋雅春・西尾博行・高橋依子 著 (2006) ロールシャッハテスト実施法. 金剛出版.
- 高橋三郎・大野裕・染矢俊幸訳 (2003) DSM−Ⅳ−TR 精神疾患の分類と診断の手引き. 医学書院.
- 鑪幹八郎 編著・名島潤慈 編 (2010) 心理臨床家の手引 [第3版]. 誠信書房.
- 津川秀夫・大野裕史 編著 (2014) 認知行動療法とブリーフセラピーの接点. 日本評論社.
- 内山喜久雄・坂野雄二 編 (2008) 認知行動療法の技法と臨床. 日本評論社.
- 上里修一郎 監 (2002) 臨床心理学と心理学を学ぶ人のための心理学基礎事典. 至文堂.
- 氏原寛・亀口憲治・馬場禮子・岡堂哲雄・西村洲衛男・松島恭子 著 (2006) 心理査定実践ハンドブック. 創元社.
- 氏原寛・亀口憲治・成田善弘・東山紘久・山中康裕 共著 (2004) 心理臨床大事典 改訂版. 培風館.
- 若島孔文 著 (2011) ブリーフセラピー講義. 金剛出版.
- 若島孔文 編 (2003) 学校臨床ヒント集―スクール・プロブレム・バスター・マニュアル. 金剛出版.
- 若島孔文・長谷川啓三 著 (2000) よくわかる！短期療法ガイドブック. 金剛出版.
- 渡部洋 編著 (2004) 心理統計の技法 シリーズ・心理学の技法. 福村出版.
- エイドリアン・ウェルズ 著 熊野宏昭・今井正司・境泉洋 監訳 (2012) メタ認知療法：うつと不安の新しいケースフォーミュレーション. 日本評論社.
- World Health Organization 編 融道男・中根允文・小見山実・岡崎祐士・大久保善朗 監訳 (2005) ICD-10 精神および行動の障害：臨床記述と診断ガイドライン. 医学書院.
- 山鳥重 著 (1985) 神経心理学入門. 医学書院.
- 山本利和 編 (1999) 発達心理学. 培風館.
- 山中康裕 著 (1996) 臨床ユング心理学入門. PHP新書.
- 山中康裕 編著 (2010) 心理学対決！フロイトvsユング (史上最強カラー図解). ナツメ社.
- 山内光哉 著 (1998) 心理・教育のための統計法 〈第2版〉. サイエンス社.
- 吉川悟・東豊 著 (2001) システムズアプローチによる―家族療法のすすめ方. ミネルヴァ書房.
- 財団法人日本臨床心理士資格認定協会 監修 (2011) 臨床心理士資格試験問題集1 平成3年版～平成18年. 誠信書房.
- 財団法人日本臨床心理士資格認定協会 監修 (2012) 臨床心理士資格試験問題集2 平成19年版～平成22年. 誠信書房.
- 財団法人日本臨床心理士資格認定協会 監修 (2012) 新・臨床心理士になるために 平成24年版. 誠信書房.

あとがき

　本書は、臨床心理士指定大学院など心理系大学院や臨床心理士資格試験に合格するための標準テキストとして執筆いたしました。ですが、本書の最初の部分でも触れているとおり、やはり「これ一冊で終わらせてしまおう」ということではなく、学習・研究をされている中で、何冊も何十冊も色々な本に興味を持って読んでいったり、研修会や研究会などに積極的に参加したり、いつまでも終わりのない研鑽を常に積み重ね続けていただければと思います。

　本書では、ロールシャッハ・テストや法律など、臨床心理士資格試験によく出る箇所について詳しく書かせていただいたり、また新しい心理療法についても積極的にみなさんに知っていただきたいという思いで書かせていただいたりと、様々な試みを行ったつもりです。もちろん本書で不十分な部分、至らない部分は多々あるかとは存じますが、みなさんがそれぞれの試験に合格するための礎の一つとして、本書が役立つことができればたいへん光栄に思います。

　執筆の際にご協力をいただいた皆様、この場を借りて感謝の意を述べさせていただきたいと思います。

2023年1月

IPSA心理学大学院予備校

浅井伸彦

ほか、執筆者一同

●編著

IPSA心理学大学院予備校
（イプサ　しんりがくだいがくいんよびこう）

公認心理師・臨床心理士の養成大学院の入試対策、公認心理師試験対策の専門予備校で、株式会社Cutting edgeが運営している。東京と大阪での講座を行っており、その他通信講座や模擬試験等も行っている。関連法人として、一般社団法人国際心理支援協会がある。

●著者・共著者・改訂前共著者を含む共同執筆者

浅井伸彦　伊藤之彦　大浦真一　可児美緒　木村崇志
田代千夏　中山かおり　福原佑佳子

イラスト：林　愛

心理系大学院入試&臨床心理士試験のための心理学標準テキスト '23〜'24年版

発行日	2023年2月24日	第1版第1刷

編　著　IPSA心理学大学院予備校

発行者　斉藤　和邦
発行所　株式会社　秀和システム
　　　　〒135-0016
　　　　東京都江東区東陽2-4-2　新宮ビル2F
　　　　Tel 03-6264-3105（販売）Fax 03-6264-3094
印刷所　三松堂印刷株式会社　　　　Printed in Japan

ISBN978-4-7980-6950-0 C3011

心理系大学院入試 & 臨床心理士試験 のための

'23〜'24年版　編著：IPSA心理学大学院予備校

心理学標準テキスト

秀和システム